野の学びの史譜

後藤総一郎語録

常民大学『野の学びの史譜』編集委員会編

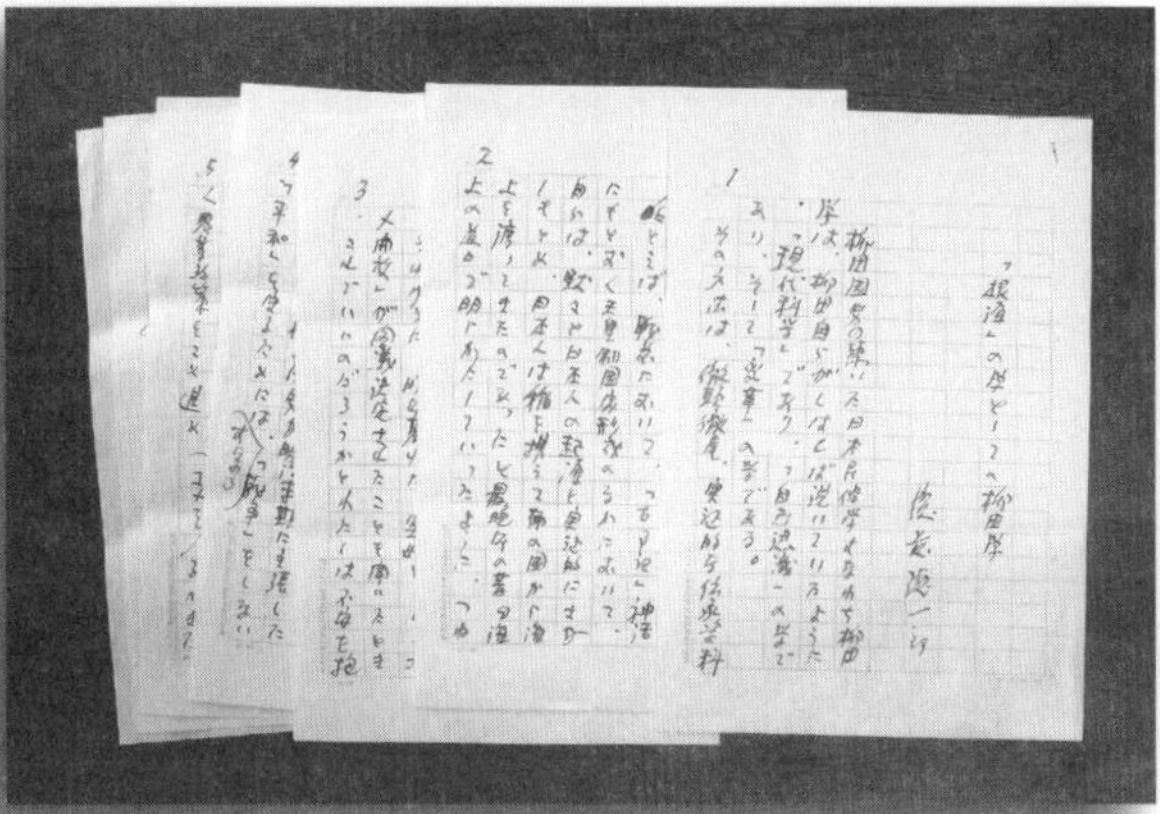

梟ふくろう社

1996年1月28日、鎌倉柳田学舎最終講の直会における後藤総一郎先生。

序　後藤総一郎さんを思う

鶴見俊輔

五十年前に、後藤総一郎さんに何度も会いました。記号の会というサークルで、柳田国男の民俗学の形成についての話を、続けてききました。

発表はやがて「柳田国男論」上中下という形で、雑誌『思想の科学』一九六四年一月号、二月号、四月号に発表されました。

この人のことを思うと、自分の暮らしの中からはぐくまれた学問の形を感じます。

やがて明治大学で専任の教職につかれてからも、大学の中に自分の学問を閉じこめることなく、常民大学という民間の学問の場をつくり、自分の暮らしの中で暮らしの形を見る学問へと戻って理想を追求されました。

何度も会う機会がありましたが、この人は、イデオロギーから話しはじめることはありませんでした。その意味では、六〇年代の日本の学問に背を向けていたので、職業人としての学者同士の話に、後藤さんと私との会話はなることはありませんでした。

大学の中での学問、新聞雑誌に発表される学問とは、ひとすじちがう道を、若いときから歩き続けた人として、私の記憶の中に残っています。

自分たちの暮らしの中で考え、考えたことを自分たちの暮らしに戻すという学問の理想が、彼の生涯を考えると見えてきます。

後藤総一郎語録から、彼のとげられなかった理想をつたえる言葉を前におく。

「学問というのは長いスパンの計画があって、それは意識であったり、無意識であったりするんですが、時間をかけないと成熟しないことが学問の世界にはあるんですね。」（武井正弘との対談）

目次

『柳田学の地平線　信州伊那谷と常民大学』 72

『伊那谷の民俗と思想』 84

三　心に残る言葉

四　常民大学通信　巻頭言

本書の構成

本書の執筆、編集はすべて後藤総一郎が組織し、主宰した各地の常民大学の会員が行なった。

本書は次の七部によって構成されている。

一　民俗思想史の水脈

後藤総一郎の十一冊の著書を書誌的に解説するとともに、著書及び編著書のなかからその思想と学問の核となる部分を抽出し、解説を付した。

二　野の学びの道標

後藤総一郎が常民大学で語り、遺した言葉を各地の常民大学の刊行物、通信、講義録などのなかから抽出し、解説を加えた。

三　心に残る言葉

常民大学の人々が、後藤総一郎との対話のなかで、心にとめ座右の銘ともなった言葉を選び、その思い、理由などを語った。

四　常民大学通信　巻頭言

各地の常民大学をネットワークするために発行された『常民大学通信』の後藤総一郎による「巻頭言」のすべてを転載した。

五　講義録

各地の常民大学での講義録のなかから最初につくられた常民大学である遠山常民大学の最初の講義「遠山学事始」と、平成の大嘗祭に際して鎌倉で行なわれた特別講義「柳田国男の大嘗祭観」の講義録を収録した。いずれも刊本への収録は初めてである。

六　常民大学の軌跡

後藤総一郎の死後も活動を続ける常民大学の歴史と今後の展望について執筆、掲載した。

七　著作年譜

後藤総一郎の六十九年の生涯の略年譜とともに、その著作を単行本未収録のものも含め編年順に配列した。

一　民俗思想史の水脈

後藤総一郎が遺した著書は、『柳田国男論序説』から『伊那谷の民俗と思想』までの十一冊である。収録されている論考のなかで、最も早いものが一九六四年の「柳田学の思想と学問」、最も新しいものが絶筆となった二〇〇二年の「松澤太郎――読書の人」である。この三十八年に及ぶ思索と研究、そして実践の中で確立されたのが、我々が「後藤民俗思想史」と呼ぶ学問である。後藤総一郎は、著者略歴などでは、ほとんど日本政治思想史専攻と紹介されるが、その著書、論考の内容はいわゆる政治思想史とは程遠い。そこで目指されたものは、柳田国男の学問を受け継ぎ、歴史の主体者である常民から、その歴史を学び、歴史意識を獲得することによる変革である。そこに誰もが成し得なかった「後藤民俗思想史」のラディカルな意義があり、この十一冊は、その思想的営為の積み重ねと全体像を示している。

それは、私たちの社会を読み解き、将来を見透かす羅針盤ともなる豊かな水脈なのである。

『柳田国男論序説』

本書は、一九七二（昭和四十七）年十二月に伝統と現代社から発行され、現代ジャーナリズム出版会から発売、忽ち増刷されている。「明治大学新聞」「日本読書新聞」『現代の眼』『ピエロタ』等に発表された論文と「図書新聞」等に掲載された書評の集成で、主論文は『思想の科学』に三号にわたって発表された「柳田学の思想と学問」であり、元題は「柳田国男論」であった。

二十代を学生運動や駿台論潮で過ごした著者は、ゼミの師・橋川文三に柳田の『日本の祭』を読めと教示され、この著を書棚の真ん中に収めての三十代の「政治思想史」研究の歩みが収斂されている。そこでは、高度経済成長の明暗がにわかに明らかになり、戦後政治や思想への反省の新たな問いかけがなされようとしていた。

七二年春、著者は東京教育大学に講師の職を得て、夏には高田馬場での「寺小屋教室」で柳田研究講座を開講することになる。

著者は、三十代の研究生活の最後の年に、大学の教師として、また、野の師として「常民史学への視座」を明らかにしていく、その鶏鳴を告げるものが『柳田国男論序説』の上梓であった。この著は、若き後藤先生の若さあふれる処女作なのであり、このあふれる思いを抱いてその後の三十年を駆け抜けた。

（斎藤遙山）

毛沢東は「資治通鑑」を三度も読み返して、中国の歴史と人間の法則を識ろうとした。入谷仙介はこの毛沢東の偉大さをあげながら次のように述べている。「日本にそういう革命が起きるかどうかは知らないが、もし起るとすれば、その指導者は『柳田国男集』を、マルクス・レーニンとともに三回ぐらいは読み返した人にちがいない。」

「柳田学の思想と学問」

後藤先生の処女作である『柳田国男論序説』の主論文のまとめの言葉です。

わたくしは、これを入谷ではなく、後藤先生の言葉であるとずっと思ってゐて、伊香保で先生と都丸十九一先生のご対談に相伴させていただいた酒宴の席でも、『柳田国男論序説』のお話に及んだとき、よく憶えて言葉として申し述べました。

學生運動に挫折し、六〇年安保の思想的な総括を模索していた後藤先生が、柳田を通してご自分を見つめ、日本を見つめ、社会を見つめた、マルクスと毛沢東と柳田とを等価にすることによって、後藤思想史學が生まれ出た、その記念の言葉であると思います。

それ故、今は、後藤先生がその處女作の結びに萬感の思いで引いたものと考えてゐて、まさに先生の言葉とするにふさわしいと考え、提示するものです。

（斎藤遙山）

無念　「『家』の思想」

「家」は婚姻や血縁関係で発生し構成されるものでなく、生産と消費を中心とする社会集団の中から分化し構成されていったものであると、後藤先生は指摘している。まったく異存なく実感させられる。本書収録の「『家』の思想」で語られる、己れの運命に絶望し、それと闘いながら禁欲的に生き貫く「常民」の姿は、驚くほどにわが父に重なる。長男であるが故に向学の道を断たれ、挙句の果ては莫大な父の借財まで背負わされ、その懊悩は生涯に及んだ。それでも息子たちには自分とは違った道を歩ませようと「家」を離れさせ、自分は「家」と共に朽ち果てるように死んでいった。野良仕事の合間などに、ふと見せた茫とした眼差しは、「無念」そのものであったに違いないと、今にして思うのである。

（飯澤文夫）

『常民の思想――民衆思想史への視角』

第一刷発行は、一九七四（昭和四十九）年八月となっており、あとがきで著者が触れておられるように『柳田国男論序説』発刊後一年余り（一九七三〜四年）で書かれたエッセイが収録されている。

三部からなり、Ⅰ部では著者がコミュニズムの「人民」から覚醒されて柳田国男の唱えた「常民」に至る変化を述べられ、さらに「国民」を創りだした明治天皇制国家の呪縛構造をも突き抜けた祖先・家・共同体への忠誠感情にスポットを当て、体面や面子といった武士の儒教倫理とは別に、「常民」にも笑われない、恥をかかない心性構造があったとする。その例を親子心中から「家永続の願い」へとつなげて展開している。以上の内容が述べられた「常民論ノート」他五つの論文を掲載している。

Ⅱ部の「帰去来情緒の思想」「同再考」では、柳田国男が「帰去来情緒」と呼んでいる「若いときに都会にあこがれ、そしてあるときにまた、田舎に帰ろうと考える」感情を取り上げ、「故郷に心を向けるその感情を、ファシズムの温床と二度としないために、そのパトスを、故郷を貫流して人類に向かうというエトスにたかめつなぐという態度を今からわたしたちは養っておかなくてはならない」とする。「そのためには己とは何か、日本人とは何か、そして人間とは何かを問い続けて生きてゆくことしか、いまは他には道がない」と述べて居られる。他四つの論文を掲載。

Ⅲ部の「在村的暴力の形成」では、「幕末草奔の国学運動の思想的メリットは」「ながくしかも堅固な身分社会としての徳川幕藩体制のなかで、虫けらのごとき対象として存在させられた農民が、自らの内発性にもとづく学問を通して、己れの人間としての生きる正当性の原理を発見し、それを深め拡める思想と行動を通して、内面的に実質的に、幕藩体制への忠誠心を空洞化してゆく役割を果たし、さらにそこから、討幕運動を底辺から支える役割をも果たしていったことにある」とし、著者に関係の深い信州・伊那の国学運動は、「平田学の学問を普及させるために、資金をあつめ、平田篤胤の著書を出版上木する運動」に特色が認められ、更に平田学が拡まってゆくのは岩崎長世が足を踏み入れてからであった、とする。

特に、「ながい伝統的な歌や学問の歴史を積み上げながら、農民自らの自生的な、しかも人間性を求めての学問を通して自立し連帯し、己れと己れの共同体を自力で改良し、きりひらいてゆこうとした創造力としての『在村的暴力』を育んでいったということに、わたくしたちは教えられる」（傍点著者）と「体制からいわば疎外された農民が、読書・学問を通して己れを磨き、己れの内なる正当性の根拠を発見し、自立してゆくコースをたどりながら体制を超えてゆくみちすじと可能性を、わたしたちはここにみることができるであろう」の文は、全国十常民大学を組織することに先生を駆り立てていったものが何だったかを示唆してくれる。他二つの論文を掲載。

（菊池健）

さてその「常民」という言葉を柳田はいつ頃から積極的に用いはじめ定着化させようとしていったのであったろうか。明治以降、昭和のはじめまで、柳田はさまざま言葉を用いてきた。平民、国民、人民、庶民、農民、民衆……というように、そこにおける統一性は存在しなかった。柳田が、「常民」の概念とその言葉を明確に使いはじめたのは、昭和三年における東大の史学会大会での「聟入考」と題する講演を契機としているという。和歌森太郎は、この一月に特集された『国文学』の「柳田国男と折口信夫」における「柳田国男における常民の思想」のなかで、その講演のなかで使われた柳田の言葉を指摘しながら次のように述べている。

「こうした『多数百姓』なり、（略）『自分等所謂普通人』、また『微々たる無名氏』が、ここで問題にする、柳田民俗学上の『常民』の範疇に入るものである。

史学大会での講演中には『常民』という言葉を出さなかった。しかし当時、右にあげた諸概念で、広く歴史の担い手を指していたにしても、内心では、『常民』概念を既に持っていたことを示す証跡がある。
　その講演をした同じ年に、彼は伊能嘉矩の著『台湾文化志』の序文を書いた。その中で、『蓋し先生（伊能）生涯の学問を一貫して、特に精力の傾注せられたのは、常民の歴史であった。』と断じている。」（傍点著者）

「常民論ノート」

右記のように柳田による「常民」という語は、伊能嘉矩著の『台湾文化志』の序文に初めて見えるという。確かにその中の「小序」という柳田の文中に「常民」という語が見られることは知っていたが、柳田が関係した膨大な著作数の中で、我が遠野出身の伊能嘉矩著作中に「常民」が初見されるのであれば、たとえ偶然であったとしても、そのこと自体が意義深いことになる。さらに多くが関東・中部地方に所在する「常民大学」の中にあって、一ケ所遠くかけ離れた遠野に「常民」と名の付く組織、すなわち「遠野常民大学」が存在することは、最もふさわしい場所を得たことにもなる。また、数年前、柳田が伊能の影響を受けたとしか思われない点を、つたない表現で三つ指摘させていただいた。検証が必要だが、四つ目のそれに該当すると思われる。

（菊池健）

武士でない常民は、体面や面子といった儒教倫理ではなく、日本固有の心性構造の原点をなしてきた「笑い」の精神と感情をいわゆる忠誠のメジャーとしてきたのであった。いいかえれば、人から「笑われる」という行為と「笑われない」という行為の振り幅のなかを、常民としての人間の価値基準として生きてきたのであった。戦争において「笑われない」行為とはそのまま死を抱えることであり、その「笑われない」とは、まさに祖先・家・共同体のなかで「笑われない」ということであった。さらにいいかえれば、「笑われない」という精神と感情は、「恥をかかない」というそれとパラレルだということである。

「常民論ノート」

遠野語り部が、話し終わっても反応がないので、「この話おかしくネスカ（ないですか）」と聞くと、若い人ほど仕方なさそうに義理笑いをするそうだ。わからない方言で話されて無理ないことでもあるが、一方で我々現代人は、テレビを見てしか笑わなくなってきているのではないか。携帯電話でしか心を開かなくなってきているのではないか。年輩者の中には、若い人の表情が豊かでなく、硬いと指摘する。そのことと関連する何かだと思われる。パソコンの普及は間違いなく職場の会話を少なくさせ、フェイストゥフェイスは軽んじられ、「メールを見て」の時代となった。今のお笑い番組や漫才の司会進出に反比例するかのように、遠野でもボガフキ、ヒョウハッキリ、誇大妄想狂が、飲むほどに一同を笑わせる時代は、去りつつあるのかもしれない。遠野のほうが人間として一見すると健全に思えてきたのだが。まして、祖先・家・共同体は、農業従事者人口の高齢化、減少等によって崩壊しつつあるという表現が適切になってきた昨今である。学生時代に知った、ルース＝ベネディクトの『菊と刀』も他国のでき事のようだ。（菊池健）

「村里には、文字をもたぬけれど、判断力に富んだ人間がたくさんいる。こうした人達が歴史を支え創り継いできたのである。」「常民と状況」

柳田が生涯もちつづけた学問的思想的主題は、国家権力から永遠に疎外されてきた「文字を持たぬ」生活者常民の、生活と精神と感情を、歴史の中から発掘し明らかにすることであった。その作業を、実証的に日本列島の中から集成する方法を通して、日本民俗学を自らの手でオリジナルに構築した。「柳田国男と現代」

「文字を持たぬ」生活者常民の生活と精神と感情を、本当の意味で我々は、吟味、咀嚼し終えたであろうか。たとえば、後藤先生も言われたように子供は、神様の贈り物だったはずである。十数年前と違い「子供の権利条約」批准国になった我が国に幼児虐待報道が増加しているのはどうしてなのか。男女間も大いに是正され男女雇用機会均等法、夫婦別姓、ジェンダー教育が普及しつつある最近でもあるのに。

しかし、視点を変えて見ると、許し合い、認めあい、譲りあい、助けあい、協力しあうことは以前より、薄れてきてはいないだろうか？　もう十年近く前になるが、遠野でも奥地に住む八十歳前後の老人に何度か足を運んで、昔のことを聞いていた時こう言われた。「テレビで名の売れた俳優が結婚したと思ったら、もう離婚だもな」意地悪く聞きたがると、その老人曰く「おら達は、年頃になれば、見合いも何もなくて、親に有無を言わされず、会わされて、初対面で一緒になったが、何とか仲良くこの年までやってきた」。秘訣は、譲り合い、協力し合うことなのだ、という。さらにその老人は、ニュースを見ながら、「日本（の外交）は弱腰だな」と確信した顔つきでボソッと一言。アメリカ追随外交を批評したその洞察力に、内心驚いてしまった。今の高校生でも、単純明快にここまで言える生徒は、まずいない。

（菊池健）

明治近代以降、都会が地方のモデルとされ、地方は、官府的に画一化される道をひたすら歩み歩まされることによって、個性ある地方の人間と産業を軸とした村づくりは、ほとんど無と化していったからである。擬制による「国民」化という政治のレールが、どれほどにいきいきした「ムラ」と「常民」を殺していったことか。それがたとえ貧しくとも、自己の正当性の原理にもとづいた村づくりを進めることが許されたとしたら、創造力と活気のある「在村的暴力」を日本列島のいたるところに芽吹かせたであろう。そしてそれが実っていたら、日本の近代は、かくも重い病理を何回となく孕むことはなかったであろうに、としきりに思う。

「作為」と「擬制」によって構築された権力とその制度が、人間の内面世界まで支配の根をおろしてきたとき、人ははじめてその「擬制」に気づき、そこから脱出しようと希求する。その脱出する世界のモデルとして、まず第一に思い描くのは、たとえ貧しく素朴であっても、自然な人間感情が生きづいていた日本「常民」にとっての悠久の共同体であった「ムラ」である。その「ムラ」あるいは「地方」への精神の回帰あるいは、その転生としてのユートピアの世界に希望を託すことを通して、本来の人間性を回復しようと志す。

こうした近代化の疾病が顕在化したとき、つねに、それを超えようとして「地方」あるいは、「ムラ」が呼び戻されるのは、日本の近代化があまりにも急激に、日本の伝統と、日本「常民」の生活と精神の歴史を無視し、むしろ遅れているものとして否定し、疎外することを通して推し進められてきたからであった。権力における一方通行の、しかも官府的でそのうえ西欧直輸入の文化の肉体化の歴史が、そのまま三十年サイクルの疾病とその反動としての「反近代」の歴史を繰り返させて来たともいえる。

「常民と状況」

「柳田国男研究への視角」

最近の遠野の知名度は、全国区だという。諸事情があるとしても「『ムラ』あるいは『地方』への精神の回帰あるいは、その転生としてのユートピアの世界に希望を託す事を通して、本来の人間性を回復しようと志す」一現象かも知れない。

「ムラ」が他地域に比べてまだ残っている雰囲気も要因のようだ。その代表が、昭和五十八年に出来た「伝承園」と平成八年に出来た「ふるさと村」だろう。「伝承園」が成立の頃は、カヤ葺き屋根の民家がまだ遠野にも残っていて、私に関係ある建物も園内に二、三見られることからわかるように、民家の大部分は、遠野産で構成されていた。しかし「ふるさと村」に移築された民家の大部分は、遠野外からの移築である。この間わずか十年あまりで、遠野に茅葺き屋根の民家がほとんど無くなり、かつての『遠野物語』原風景は気がつくと遠い昔になってしまっていた。しかも、遠大な行政方針が解らなかったためか、「ふるさと村」が出来る直前には、「あんな観光コースからはずれた所に創って観光客が来るベガ（だろうか）」などと言う声も聞かれた。しかし、逆に今では、遠野を案内する時、なくてはならぬ施設になっており、さらに、ふるさと創生、どぶろく特区指定までになった。

当然のことながら、否応なくここ二〜三十年の移り変わりで自然に忘れさられていったものも多い筈である。私の小さい頃、周囲には、教養、学歴、女らしくどころではない、生きて生計を立ててゆくのに精一杯な人達がたいていだった、と言える。すぐ、思い出すのは、男勝りのアッパ（おかあさん）連中が、モンペにエプロン姿、頬かぶりで泥車になりながら、農作業に精を出し、化粧など縁遠い顔をこわばらせ、酔っぱらった旦那（おっと）に気合いをいれているたくましい女性の情景である。過去を美化するつもりはないが、夫唱婦随、男尊女卑、忠君愛国、滅私奉公ばかりではなかったのであった。それでも、いやそんな人達にこそ「もったいない」「当たり前（常識）」というけじめは今よりあったといえる。柳田国男や後藤先生の唱えてきた、事大主義を乗り越えた、自分というアイデンティティに基づいた取捨選択・しきり直しの場が必要に思われる昨今である。

（菊池健）

『天皇神学の形成と批判』

一九七五(昭和五十)年九月一日、イザラ書房刊、二七七頁。

一九七〇年から七五年にかけて書かれたエッセイを四つに分けて編集。

第Ⅰ部は明治維新を切り開いた吉田松陰、そして明治天皇制国家を作り上げた伊藤博文を軸に「装置」としての、「擬制の国家」であり神学としての天皇制国家が語られる四つの論考。第Ⅱ部は北一輝を軸に明治天皇制国家批判として、国家と人間の問題を通して「昭和維新」の思想に迫る四つの論考。第Ⅲ部は柳田学の思想史的展開の試みとして、「明治国家に対する批判の学」として柳田学を抽出する。そしてそれは日本近代思想のトータルな解明をめざす著者において「常民思想の発見に至る」八つの論考とエッセイ。第Ⅳ部は著者の出身地である信州、遠山に関わる四つのエッセイで構成されている。この一冊には著者の思想と問題関心が凝縮されており、同時に七〇年代前半の思想状況とのかかわりの中で編まれている。


(山口茂記)

柳田国男が学問的主題としたテーマのひとつに、日本常民の信仰原理を明らかにするという作業があった。『日本の祭』や『先祖の話』はそのすぐれた果実といえよう。

柳田は、そうした日本常民の心意世界をのぞいてゆく過程で、常民の生活原理の核をなしているものは、家永続の願いであり、祖先崇拝であるとして、それを固有信仰と命名した。そこから、家を守ってくれるものは祖先であり、共同体を守ってくれるものは氏神であり産霊神であるという信仰原理を抱いて、日本常民は生活してきたのだったと結論した。そしてその氏神のはるかかなたに、天子様があると信じていたという。それは実存としての天皇信仰ではなく、不可視のしかも幻想としての天皇のイメージを抱いたのだったという。それは当然のこととして、制度や権力の体系としてのそれではなく、まさに非制度のそして非権力の体系における天皇信仰とその感情を意味した。それは一種アニミズム信仰に近い信仰感情であったといってもいい。あるいはそうした神一般と一体化されて抱かれていた天皇信仰と感情であったともいえよう。

だから、明治維新国家になって、天皇が現人神となり、全国を巡幸した際、地方の常民は、「天子様を拝めば目がつぶれる」といって恐れ涙を流しそのはじめての巡幸を見守ったという。

あるいは、そうした悠久の天皇信仰と感情が日本常民のなかに潜在していたからこそ、あれほど急速度に、天皇制明治近代国家が創出され構築されたのであった。そして今日にもさまざまに衣装を変えながらも、天皇信仰の感情は静かに底深く日本常民の信仰原理のなかに底流しているといえる。この認識を正確に所有しえない限り、天皇制国家の呪縛構造を根源から解放しうる論理は抽出されえないだろう。

この日本常民の信仰構造を明確に指摘したのは柳田国男の民俗学によってであった。そして同時に、柳田は、宮中の祭りも、もとは村共同体の祭りから発展したものであったと、天皇と常民の位置を平準化したのであった。いやむしろ、この指摘によって、歴史に存在した実存としてのこの天皇の位置を、より親しいものとした。あるいは常民の位置を重く位置づけたともいえる。なぜなら、祭りの原初は常民に存在したと位置づけたからである。だからこそ、柳田は、あるときは天皇も常民だという発言をしたのだった。

柳田国男は天皇制そのものに対して否定も肯定もしなかった。むしろ、天皇に対しては親しい感情をもっていた。それは明治人特有の感情であったといってよい。だからこそ、しばしば、日本人の常民の生活の実情を天皇に教え、天皇を教育しようとする考えをもったこともあった。

柳田が批判し怒りつづけたものは、明治近代国家であり、その権力の主軸を構成している一部特権階級についてであった。

「柳田国男と北一輝」

民俗学者・柳田国男は、かつて、常民と国家の幸福を開くためには、まず常民が、己れの歴史を識り、自己を識らなくてはならないとして、常民の歴史学ともいえる民俗学を草創していった。その自己を識り歴史を識ることを通して、現代への「国民共同の疑い」をたかめ、それを明らかにし実らすことによって、常民主体の国家を構築してゆくことを、柳田は目指し叫び続けていったのだった。

常民一人ひとりの知恵をたかめ、その総和としての「国民共同の疑い」をたかめるコースを通して、日本の解放を実らせようと考えた柳田のなかには、日本人のもっとも伝統的なマイナスの個性である「事大主義」の精神と感情から、まず脱皮せねばならぬという常民の歴史を通しての歴史判断があったからである。

その意味からいっても、己れの生活と精神のなかに必然として宿り、その感情表出として発想された、こうした「小さな」感情の事実（参考…企業ぐるみ選挙を、内部から告発していった三菱のサラリーマン・グループ、企業の政治献金廃止をアッピールし、電気料金の一円不払い運動を起こした市川市の市民グループ）を大切にし固執し考えぬきそして運動を起こすという営為は、やはり大切であるといえる。谷川健一氏はこうした思想を「事小主義」（『孤島文化論』）としてかつて評価したことがあったが、わたしも、その意味において、「小さな」ことに「事《つか》」えるという思想を認めたい。

ただその場合、こうした思想を真に実らせるためには、いくつかの果たさねばならない条件がある。

そのひとつは、一度起こした運動は、たとえ途中で挫折しようがあるいはまたひとつの成功を了めることができようが、己れの生命の果てるまで、あるいはさらに永遠に、貫徹するまで持続することである。そのことによって己れと他者に責任をもち、なによりも己れ自身の生活と思想を磨き鍛えぬいてゆくことである。それが真実の道に生きるということなのだ。

そしていまひとつは、他者を刺すということは、そのまま己れをも刺されるということを考えておかねばならないということである。それを保障するものは、その人間の勇気でしかない。つまりは、どんなことがあっても、人間の品位の証である勇気だけはつねに失うことのないように心がけねばならないということである。個としての人間の自立を表し内容づけるものは、ひとえにこの勇気でしかありえない。

そしてさらにいまひとつつけ加えるとすれば、いまさらここでわたしがいうまでもないことに属しようが、こうした「小さな」運動を育み、持続させ発展させうるものは、主体者の、人を尊敬し愛するという生活者常民としてのヒューマニズムの精神と感情を豊かに宿しているかどうかという問題にかかっているということである。(傍点著者)

「現代『常民』の可能性」

常民に宿り続けた穀霊信仰を通しての幻想としての天皇信仰が、明治国家の権力を通して、吸いあげられ体系化され制度化されて、いま一度、常民の信仰世界に、今度は支配の原理として、内面世界の収奪として、画一化としてたちあらわれてきたのだったということもできよう。天皇神学のやはりこれも世俗化であったというしかない。

「天皇神学の創出」

吉田松陰が宿しそして予言し、維新回天の「決断者」とも「玉」ともなった天皇神学の理念は、明治近代国家の概念を創出させ、そして山路愛山が「日本帝国の四本柱」といみじくも呼んだ村役人、学校の先生、寺の坊主、駐在所の巡査によって支えられ形成されたのであった。

「天皇神学の創出」

松陰が死を賭して創出し構想し、自らその先頭に立とうとまで決意した草莽崛起の思想は、松陰の視界のなかでは遂に果たされることとはならなかった。だがその思想は、はじめに述べたように、松陰の愛弟子のなかにかたく受けとめられ受け継がれ実らされていったのである。そしてそれは単に維新史における「回天」の思想としてのみにとどまるばかりでなく、日本近代史においていくたびかその訪れた状況の病理を超える思想として想起され、生き生きと蘇る歴史をわたしたちは所有してきたのだった。

「『草莽崛起論』の思想過程」

その柳田のもっとも怒り批判した、「作為」による「権力としての天皇制」体系を創出していったのがまさに伊藤博文であった。

「伊藤博文論」

そのひとつの思想の流れはいうまでもなく「尊王攘夷論」であり、いまひとつは「公議輿論思潮」である。丸山真男は「明治国家というものは二つの要素の対立の統一である」と規定しながらその道すじを次のように明快に説明している。「明治国家の権力像」

『天皇神学の形成と批判』は一九七五（昭和五十）年九月一日に第一版が刊行されている。巻末には、「この春に自死していった村上一郎の死を悼む書である」として一九七四年から七五年にかけて書かれたものが集められている。内容は、「天皇神学の創出」「『草莽崛起論』の思想過程」、「伊藤博文論」「明治国家の権力像」などの天皇神学（制）の形成に関する論考群、第二に、「北一輝と未完の革命」、「北一輝ノート」、「昭和維新思想の根拠」、「柳田国男と北一輝」など北一輝の思想を中心とした論考。第三に、柳田民俗学を軸とした「思想史における民俗学」、「長谷川如是閑と柳田国男」、「現代寺小屋考」など、そして第四に、出身の信州に関するエッセイである「信州の思想」、「村史の方法」、「遠山断章」、「木曾馬哀歌（春山号）」の構成に分類される。

この本の主要な動機については著者である後藤先生自身の言葉を紹介しよう。

「国家がある『例外状態』（Ausnakme-zustand）を迎えたとき、それを超えることのできるのは『奇蹟』（Wünder）でしかない。その奇蹟とは、『神』の存在であり、その声を聞くことによって呼び起こされるものである。というカール・シュミットの『政治神学』的理解は、幕末そして近代日本の政治過程にも、そのままいいうることであった。

この論理に援けられて、日本におけるもっともプログレマティックな問題でありつづけている『天皇制国家の支配原理』の構造的内在的理解を少しでも収めたいというのが、ながいことひきずっている私自身のテーマであり、そのささやかなノートが、本書の前半を形成しているエッセイ群である。

とはいえ、天皇制の問題を学問的にすべて解明しうることができたら、それは世界史に貢献しうる作業となろう、とまでいわれ、未だ未決の問題とされつづけているテーマのなかで、これらのエッセイが背負わされている位置といえば、わずかに、ひとつの方法論上における仮説の提示ぐらいでしかないといえよう。

だがこうした理解がないと、『大正維新』、『昭和維新』として、いくたびとなく、状況の暗さの訪れとともに、それを超えようとしてのシンボルとして迎えられてきた『天皇』の位置と意味の根源的解明作業にたち向かうこととはならないような気がわたしにはする」（「あとがき」）

と、著者ご自身で解説されています。この書を通して、民衆の中にあった「幻視としての天皇」の位置、柳田国男の天皇観、天皇制の呪縛の構造が語られている。そしてこの天皇神学をめぐるテーマは、『天皇制国家の形成と民衆』に引き継がれるとともに、後藤先生が終生追い求めたものであった。「長いものには巻かれろ」として生きてきた民衆の「事大主義」に対して、その極北に谷川健一氏が「事小主義」と命名した「勇気」を提唱している。

（山口茂記）

『柳田学の思想的展開』

一九七六（昭和五十一）年十一月二十五日、伝統と現代社刊、二二八頁。

本書は、「柳田国男生誕百年」を記念した催しや出版が目白押しとなった一九七五年から翌年にかけて、著者が発表した論考と未発表論考からなる。内容は、三章に分けられ、それぞれに「柳田国男の学問と思想」「柳田学と風土・伝統・文明」「自己史の視角から」とタイトルが付けられている。構成上、柳田国男そのものへの論と、その広がり、そして自己認識へ、という三方向のベクトルがうまく調和されていると言ってよい。

第Ⅰ章の冒頭は「柳田国男と現代」であり、初出は、生誕百年記念の国際シンポジウム前の六月、「毎日新聞」夕刊の学芸欄に三回にわたって連載された。それぞれに見出しがついており、「1」は、「上　生誕百年　その業績　国際的な関心集める　日本民俗学の〝重み〟」、「2」は、「中　生誕百年　その学問　明治国家批判から出発　「固有信仰」解明が主題」、「3」は、「下　生誕百年　その展開　国の未来に大きく影響　各領域で積極的に検証作業を」とある。文末の著者肩書きは、「東京教育大講師　日本思想史」とある。

未発表の「柳田国男の結婚」は、飯田在住の著者の友人武田太郎が発見した柳田国男の新婚記念写真に触発されて書いた論考である。

第Ⅱ章の「伝統と文明――その思想史的視角」も未発表であったが、一九七七年九月に刊行された『社会科の新展開3　文明と伝統の授業』（小林信郎・溝上泰・谷川彰英編、明治図書刊）のために書かれた論考である。収録にあたって「文明と伝統」に書き変わっている。本書は、柳田国男研究会に籍を置いたことのある谷川彰英の編集によって編まれた書で、柳田国男と社会科の関係を初めて論じた書であった。

第Ⅲ章には、著者の生まれ故郷、南信濃村の村史の巻頭の「イメージとしての『遠山』」が収録されている。著者は、「あとがき」で次のようにその意図を述べている。

「とくにこのなかで、いささか奇異な感じを抱かれるであろうと思われる「イメージとして『遠山』」という小品は、この四年間、編纂顧問役をしてきた、わたしの故郷の村史『南信濃村史　遠山』の、なんとか従来の町村史にみられた、あのおもしろくない巻頭の導入部分をかえてみたいという試みを表したものであり、その意味では、より深く加わっている内容をも含めた村史とともに、さまざまな領域から問われることとなろう。またそれを心ひそかに期待していることをあわせてここに記しておくこととしたい」（傍点著者）

著者の柳田国男研究第一期とも言うべき五年間の総括の書であった本書の最後を、挑戦の村史『南信濃村史　遠山』の巻頭の一文で締めたことに著者の自信のほどが窺えるのではないだろうか。

（小田富英）

こうした今日までの柳田国男研究のなかで、柳田国男の実像は、未だにゆれうごいていて、その確たる像を正確に結びえていないということがよくいわれる。

つい先日も、柳田国男の伝記研究のための調査ということで、柳田国男の長兄松岡鼎の次男、布川在住の松岡文雄氏を訪ねたときも、伯父柳田国男の実像は未だに固まっていないね、ということを松岡氏に指摘されたのだった。

あるいはまた、昨年、生誕百年記念の催しの代表役をつとめられた山本健吉氏も、最近の若い柳田国男研究者は、柳田国男を「左」の思想へと解釈する傾向が強いが、それは柳田国男の実像ではない、と発言されたことがあった。

この発想は多分、わたしたちに当てていわれたことと思われる。それは山本氏としては当然のことといえよう。だが、やはり違う。つまり違うというのは、わたしたちの柳田国男へのアプローチが、近代日本の学問や思想の総批判からたちのぼったものであり、同時に近代と反近代あるいは西欧文明と伝統の止揚を目指しての、その良質な指標としての柳田国男へのアプローチであり、さらに、新たなる自己認識としての民衆史、もしくは、新たなる歴史主体の形成としての民衆史の構築を獲得しようとしての柳田国男への積極的なアプローチであるという根本的なわたしたちの問題意識を、およそ理解されていない、という点から発言されたそれであるということである。

柳田国男の学問そのものは、個別研究的にみれば、たしかに「右」でも「左」でもなく、まさに実証的な日本人学、常民学であるといえよう。しかし、この学問を草創した柳田国男の深い問題意識と発想には、日本の民衆の不幸を憂い、その救済のためにこの学問を役立てようとした事実がある。それはラディカルな志であったといえる。

わたしたちが、従来の日本民俗学者と異るのは、この柳田国男のラディカルな初志に深い敬意を払うからである。それはさきの山本氏が、本居学がその弟子である平田篤胤の学によって、ラディカルな方向へと展開されたようにとわたしたちを指さしたように、たしかにその意味では「左」に解釈しつつあるように彼らには映るかもしれない。

さて、それらのどちらが正当であるかは、わたしにもいまは解らない。それよりもいまわたしたちにとって重要なことは、柳田国男の初志を、どのようにして具体的に実らせるか、ということである。具体的とは、さきに述べたいくつかのわたしたちの問題視角を、地についたものとして実らせることである。たとえば、柳田学に学びながら、それぞれの郷土に住む人びとが、郷土の学を学ぶことによって、本当の意味での「自己認識」を深めてゆくコースにたち向かわせてゆくことができるか、ということである。

「序　柳田国男研究の展開」

『南信濃村村史　遠山』を刊行し、常民大学の魁、遠山常民大学発足への道筋のなか、本書が上梓されたことを考えても、この一節は、さまざまなことを暗示していると言っていい。柳田が、「右」や「左」の敵を意識しながら、柳田民俗学を創設したのと同じように、著者もまた、当時の学問状況に一矢報いようとした意思が伝わってくる。「柳田国男のラディカルな初志」とは、常民大学「運動」へと向かう著者の民俗思想史学の「初志」に他ならない。「地についたものとして実らせる」の道半ばにして倒れた著者の遺志をいま再度確認したい。

（小田富英）

明治維新が真の革命でないように、それ以上に八・一五以降の転換は、およそ革命ではない。「歴史の断絶」を体験しない文化に、「伝統」が甦えるわけがない。己をもたない優等生文化による進歩主義としての転向文化が、近代日本のそして戦後日本の文化を形成してきたのであった。そしてその文化はいつかはゆきづまる。そのときたちあらわれようとするのが進歩ではなく「伝統文化」である。だがそれは多くは、否定的媒介としての伝統ではなく、いわば反動としてのあるいはノスタルジアとしてのそれとして立ちあらわれ迎えられるものとしてである。そしてその歴史はつねに不毛であった。

「伝統と文明——その思想史的視角」

「文明の実質よりも名目を、精神よりも形骸を、さきに輸入して来」たと明治国家による近代化を批判した柳田国男のエッセイ「文明の批評」(『定本　柳田國男集』第二十九巻　筑摩書房　一九六四年)を引きながら、英雄、貴族の伝統文化ではなく、無名の常民の伝承文化をバネとした「常民文明」の形成こそほんとうの文明のあり方だと説いた論考の一節である。

この箇所の前には竹内好の「中国の近代と日本の近代」(『竹内好セレクションII――アジアへの／からのまなざし』日本経済評論社　二〇〇六年)が引用されている。そこで竹内が、「日本文化は革命という断絶を経過しなかった」、そのため古いものを捨て、新しいものを追い求めるだけの「転向文化」となり、古いものすなわち「伝統」が甦ることはなかったし、古いものが新しくなることなく、ただ古くなるだけだと言っているということが紹介されている。

著者はこれを踏まえ、明治維新は真の革命ではなく、まして八・一五がもたらしたものも革命であり得ないと断言する。八・一五も明治維新と同様に「転向文化」であり、実質よりも名目が、精神よりも形骸が輸入されたものであると判断しており、形だけは民主主義となってもその内実がともなわなかったため、現在になって様々な病理を吹き出していると言う。そして、そういう行きづまりのなかでは反動あるいはノスタルジアという形で伝統が立ち現れてくる。伝統文化を知るということは、単に「かたち」を知るだけではなく、「その『かたち』をつむぎだしていったわたしたちの先祖の心意世界つまり信仰意識の原初と歴史を明らかにすることを通して、わが常民の内なる精神史を己れのものとする」ことこそ重要であるというのが著者の考えである。

現在の伝統論が「愛国心教育」の復活などという形で反動として立ち現れていることを思えばこの一節は我が国近代の不幸な歴史を言いあてている。そして、一九四〇年の紀元二六〇〇年奉祝記念式典を頂点とする復古的な伝統論の瀰漫に対して、あえて東京帝国大学で講義を行い、日本の共同体の精神史を解きあかした柳田国男の『日本の祭』を、著者が終生重要視したことも納得させられるのである。

（久保田宏）

『遠山物語――ムラの思想史』

本書は、「信濃毎日新聞」夕刊に、一九七七（昭和五十二）年四月二十一日から一九七八（昭和五十三）年十一月三十日まで、毎週木曜日のべ七十一回、一年八カ月にわたって連載されたものである。初版本は、それから半年余りを過ぎた一九七九（昭和五十四）年八月十日、信濃毎日新聞社から刊行されたのだった。判型は、タテ一八六ミリ×ヨコ一三三ミリ、目次四頁、本文三五六頁、あとがき四頁（口絵参照）である。表紙カバーは、挿絵画家北島新平が遠山の原像である霜月祭の世界を、美しくダイナミックに描いている。遠山に生まれ育み形成された著者の本書での願いは、「自分史―村史―日本史―人類史」という歴史方法を通しての「自己認識」であり、村の「普遍性」獲得であった。

初版本の改版本は、一九九五（平成七）年二月七日、ちくま学芸文庫として筑摩書房から刊行された。口絵がなくなり著者による文庫版あとがきと赤坂憲雄の解説がつけ加えられ、表紙カバーは、遠山の霜月祭の湯立神事の写真（撮影　遠山信一郎）に変えられている。

（宮坂昌利）

たったひとつ、母の面影とともにいまも鮮やかにわたしの印象のなかに焼きついている母のイメージは、矢絣《やがすり》の着物に、白いエプロンをかけた、そして頭に被《かぶ》った白い手拭《てぬぐい》の「あねさん被り」の母の姿である。それは、そのまま、大正生まれの、遠山の里の、そして日本の女の、おそらく象徴的な姿ではなかったかとさえ思われる。

昭和二十年の敗戦の年の春、嫁いできた義母であったが、この義母の少女時代からの苦闘の歴史や、そしてそれ以上に苦しみ耐え働き抜きながら、なにひとつ不平をいうこともなく、わたしたちを育て進学させるために生きてきたまさに三十三年の歴史を思うとき、日本の暗黒の歴史を生きささえてきた「常民」の女の、美しくも哀しく、そして尊い最後の姿としてわたしには映るのだった。わたしの「常民」への思想のベースも、実はこの義母の精神と感情のなかで育まれ自覚されていったといってもおそらく過言ではあるまい。

「〝赤い〟病魔史」

これは同著の「〝赤い〟病魔史」の一節ですが、「わたしの運命を狂わせた、そしてわたしの思想核をかたちづくってくれた〝赤い〟病魔」によって、母・姉・妹を奪われた十一歳の少年の、亡き生母への思慕、育ての母への感謝と愛情。二人の母に対して生涯を通して抱きつづけた思いに心打たれます。

（前澤奈緒子）

村の歴史形成がたんにそれら一人や二人の個々人によってささえられてきたものではなく、多くはさまざまな人や物の、まさに混成によって生成されてきたという、歴史のダイナミズムにも眼を注ぐ方法を導入しておきたい――いやそうしたトータルな視角から歴史を考えるという方法こそが、実は大切ではなかろうか。

「『ムラの思想史』の理念と方法」

このような後藤先生のお考えは、先生が関係なさった総ての地域史の、底流にあるモチーフのように思う。とくに『天竜川流域の暮らしと文化』を読むと、そのことが理解できる。

（鈴木直之）

寺小屋から遠山常民大学へ――柳田学の転位

なぜ、寺小屋という学習塾から遠山常民大学へと後藤総一郎の柳田学は転位したのか。その渦中にあったものには簡単に答えられそうであるが、その実、このうえなくむずかしい問題である。正直に言えば、いまの私には答えられないのである。

すでに締め切りは大幅に過ぎている。費やした時間も少なくない。書こうと思っても書けないのである。この本の編集者、久保田さんの催促のたびにいいわけを言いつつ、何度もお断りした。そのつど待ってくれたわけだが、結果は変わらなかった。

書かねばならぬ。プロでなくとも。追いやられても何としても書く。恥をかいても字面を並べる。それが民間の学習者にとっては重要だと、強く主張し、私たちに叱咤激励したのが、後藤さんであった。また、そのことを自らも実践していたのが、後藤さんであった。

そのことを思い返し、机に向かうのであるが、私には書けないのである。いろいろな想念は頭を駆けめぐるが、まとまらないのである。だらしがない、「残念である。無念というほかない」と、後藤語録を借りてくる以外ない。

それにしても寺小屋で会った頃の後藤さんは、締め切り間際までよく原稿を寝かせていた。にもかかわらず、間に合うのであった。それは見事と言うほかなかった。もう待てない、ぎりぎりの瞬間、急に筆を走らせ瞬時に書き上げるのである。力で原稿をねじ伏せるとしか表現できないほど、それは見事であった。そこには、じっくりとゆったりと時間をかけて執筆する「学者」風のそれでなく、時間に追われ余裕のない、形振りかまわぬ「記者」の姿があったといえよう。

そんな後藤さんの姿を彷彿させるのが『遠山物語』である。この本を読んでいると、寺小屋時代の、四十歳代の後藤さんが戻ってくる。「信濃毎日新聞」に毎土曜日に連載された原稿をまとめた本である。たぶんぎりぎりの時間まで入稿を渋っていたはずである。しかし、追いつめられた瞬間に内面が凝縮し、次に爆発し、その勢いで原稿が仕上がる、そんな危ない綱渡りをしていた後藤さんの姿が浮かび上がってくる。

ところで、後藤さんの著書には一冊全部書き下ろしたものはないのではないか。本づくりは、雑誌原稿を集めて一冊にすることが多かったと思う。読者側からすれば、長くても三十枚ほどの原稿なので、短時間ごとに読み切りが可能で、塊として頭に入ってくるものが多かった。『遠山物語』も新聞原稿の寄せ集めである。一回ごとの断片の記事が、しかし一冊にまとまると、大河小説のように一筋のうねりがあり、滔々と流れ、随所に感動があり、本としての完成度は高い。

それに関して思い出すのが、ニュースキャスターの件である。後藤さんの明治大学大学院の指導教官は藤原弘達であった。藤原は丸山真男門下の政治学者であったが、ニュースキャスターなどもつとめ、マスコミで活躍した異色の政治学者であった。その藤原から後継者としてキャスターをすすめられたが、断ったというのである。私は、後藤さんのアジテーターの才能と、ぎりぎりの瞬間に爆発する思考力のすごさを知っているので、日々変わる現実政政治へのコメンテーターもわるくないな、と考えていた。いや、マスコミの分野に進んだ方が、才能をもっと全面開花させたのではないか、と思うこともある。

しかし、ある時期から後藤さんは、現実の政治に対する興味関心を封印したようである。というより、刻々と変化する現実の政治現象より、より根元的な政治の在り方をめざして、政治思想史研究に没入し、その根底にある民衆個々人の政治意識の確立、すなわち個としての政治的に自立する民衆の在り方に主軸を移したといった方がよいであろう。そこから後藤さんの柳田学への傾斜がはじまったといえよう。この転位に立ち会ったのが、藤原弘達の一年間の海外留学の代役で講義に赴いた橋川文三であり、その「おまえらは民衆を知らない」の一言であったようだ。

だが、後藤さんがアプリオリに「民衆を知らない」はずはなかった。『遠山物語』の著者である。欠けているものがあるとするならば、その「民衆」が、どのように結集し、組織を組み立て、現実を変えていくのか、その道筋であったはずである。その壮大な実験を机上でなく、自らが生まれ育った在所・遠山で試みようとしたのが、遠山常民大学ではなかったか。では、どのようなものか、その全体の構想をいまの私は十分に把握できていない。それがこの原稿を書けない要因なのである。

常民大学こそ、後藤さんにふさわしい、その姿が一番似合っていた場所である。遠山常民大学をはじめとする各地の常民大学での後藤さんこそ、学問・研究と実践を絶えず交差させながら、動く学者・アジテーターとして存立してたわけで、目に見えぬ「市民」より、目前にいる「民衆」に語り、「常民」育成にふさわしい、新しい「ニュースキャスター」の顔であったとも思う。

そんなことを思い出しながら、『遠山物語』を読んでいると、後藤さんの別な姿が浮かんでくる。しかし、後藤さんが遠山常民大学を創設したことは、賢い選択であり、後藤さんの人生選択で決して間違いではなかった。そう納得させるのに十分な本こそ『遠山物語』である。

（杉本仁）

『郷土研究の思想と方法』

一九七七年、「信濃毎日新聞」連載「民主主義の視点――日本的構造」を中心に、一九七八年から一九八一年までにかけて各書籍に書かれたエッセイを三章に分け、発表されたものを一九八一（昭和五十六）年伝統と現代社から出版した。序は原文にプロローグとエピローグを加えている。この中では、吉田松陰の一君万民の思想に始まり、「近代の反省をムラ人自身が、郷土の歴史を学ぶことを通して、己自身を知るという内省の学の興らんことを願った」とまとめている。各章は第Ⅰ部を郷土研究の原点として柳田国男の物の見方、第Ⅱ部は郷土研究の方法と実践として郷土研究の中から生まれるムラづくりへ、第Ⅲ部は郷土研究からの展開として七つの論考により新たな道筋を示している。この書の書かれた一九七〇年代後半は、全国にまちづくりと呼ばれる民衆の動きが広がり、「地方の時代」が叫ばれた時に著者の地域への視座の書といえる。（髙橋寛治）

「道」が開けるということは、こうして、ある不可視の、巨大な「悪魔」と無意識のうちに手を結ぶことを意味するのだ。
それがいつか共同体の「思想」をかえる。

「道の思想」

昭和五十年「伊那の夜明け」といわれた中央道が開通して喜びに沸いていたとき、この小さな飯田共同体は大きな名古屋文化圏に飲み込まれてしまうだろうと予告し警告された。道に閉ざされた共同体にもプラスはある。歴史の必然で道が開かれていくことはやむをえないが、それによってマイナスになるだろうことは防衛し、対策を講じていかなければならないと過去の歴史を学ぶ重要さを説く。中央自動車道開通は「巨大な悪魔と手を結ぶ」という予見と自覚があったら、飯田の町にも、もう少しいいものが残ったかもしれない。

（片桐みどり）

五十年、百年のながくたゆみない学問的営為が改めて必要とされようことはいうまでもない。と同時に、このとき、なによりも必要とされることは、日本の歴史を深く透明に掘ることであるといえよう。

ただその場合、今日わたしたちが掘ろうとする歴史は、かつて松陰が掘り貯えた歴史と歴史意識ではなく、民俗学者柳田国男が明治近代以降八十八年の営みを通して発掘し明瞭にしていった「常民」の歴史とその精神であるということである。

なぜなら、日本の歴史を日々根底でささえてきた生産と伝承文化の担い手こそ、九十五パーセントの「常民」であり、さらに「新憲法」の原理とされた、主権在民の理念を歴史的に肉体化し、そこから未来の歴史像を予見するためにも、歴史主体であるべき今日の「生活者民衆」の歴史をこそ掘らねばならないといえよう。

「序　戦後民主主義と地方への視座」

後藤先生に出会い「柳田国男」を学び始めた頃、講義のたびにかつて学んだ歴史は何であったかと思ったものである。その中で、最も衝撃的であったのは、歴史を紡いで来たのは英雄でも、偉人でもない普通の人たち、わたしたちが歴史の担い手であると教えられたことであった。このことは、生涯柳田の著作を読みつぎ、後藤学を学び続けようと決心するに十分であった。本物に出会ったのだと今も確信する。それにしても当初は、右の文中にもある「主権在民の理念を歴史的に肉体化し」などという言葉に首をかしげ、頭の中をフレーズが右往左往した。後藤先生の語録の一つであると思う。

（曾原糸子）

このハイネやフランスに揺り動かされ、教え導かれたとはいえ、日本のしかも常民の歴史の発掘を通して、日本の精神の主体性を獲得しようとしていった、そのことによってなによりも柳田自身の情念を解放しようとして日本民俗学を独歩で切り拓いていった営みにこそ、柳田国男の偉大さがあるといえよう。それは、学問の調査カードや方法のみを手にして、この学問を推し進めていった他の人びとにはみられない個性であったといってもいいだろう。柳田が生活者としての農政官僚として実人生をスタートし、そしてひたむきにその道を歩もうとしたなかから、根源的な日本と己れの問いとして内発的に発酵され、やがてその学問を己れの生活としていくというコースのなかで形成され創造された学問であることを思うとき、人間と学問の本来的な姿をそこに見い出さずにはいられない。

「柳田国男におけるフォークロアへの道」

後藤先生の柳田民俗学に対する一つの確信と評価ではないだろうか。そして「その学問を己れの生活としていくというコースのなかで形成され創造された学問であることを思うとき、人間と学問の本来的な姿をそこに見い出さずにはいられない」の一文は、後藤先生が繰り広げられた常民大学における「後藤学」であり、後藤先生の生き方そのものであったと思う。

（曾原糸子）

柳田が終始求めてやまなかったのは、日本人が日本人としての主体性を獲得し、深い歴史意識にささえられた、日本人の生活をささえる共通の価値機軸、いいかえれば日本人の「バイブル」ともいうべき透明でオリジナルなモラルの発見と形成であったといってもいい。そのモラルの発見と形成のために、遠い常民の歴史、わけても信仰世界の歴史の発掘に、熱い照明と努力が傾けられていったのであった。

「柳田国男における歴史主体の発見」

後藤先生は日本人には「バイブル」がないとよくいわれた。ヨーロッパあるいはアメリカでは、人々にとって共通の価値機軸としてバイブルがあると話された。祖母などは「ご先祖様に申しわけがたたない」などといったものだが、いま口に出していう人はほとんどいない。いまや日本人の背筋をピンとさせる「モラル」や「倫理観」は必要とされなくなったのか。そのモラルや倫理観と共に、信仰の世界はどのような形で残っているのかを探し出さねばならない。

（曾原糸子）

いまから十数年まえ、当時わたしは、わたしの研究関心の主要なテーマであった「民衆精神史」へのアプローチのひとつとして、柳田国男の民俗学に関心を注いでいた。そしてそのとき、日本常民の精神史を探求するため、日本列島の隈なき村々への踏査の旅をしていた柳田国男が、わたしの故郷遠山をも訪れ、のちにその著『東国古道記』（定本柳田国男集第2巻所収）のなかで、次のように村の精神風土を鋭く分析し指摘していたことに、わたしは深い感動を覚えさせられたことがあったのだった。（略）

「我々から言うならば、むしろ諏訪路とも、遠山通りとも呼んで見たい山あいの交通が、この天竜川筋の特殊な土着を誘導した働きは、隠れているけれども相応に大きなものだったらしい。」

そしてその根源的な理由として、「高嶺に囲まれて四境の擾乱が無く、地味も穀物に適していたうえに、今一つの変わったことは、鹿塩には塩の泉があつて、附近の住民はこれを庖厨の用に充てていた。すなわち山村ながらも、附近の小市場に、隷従しなければならぬ不利を免れていた」からであったと指摘したのだった。

少年の頃から、なぜにこんな山奥に人が住み生活してきたのか、という素朴な、だが暗い疑いを抱いてきたわたしにとって、この柳田の鋭く深い史的アナロジーは、ながい間たれこめていたわたしのなかの暗雲を、一瞬にして解き放ってくれるものとなったほどであった。

そしてさらに、この天竜川に沿った「水筋」の峠路の古道は、まっすぐに「御前崎」に達しているとし、そこから中世以前のまさに先住民は、遠く南の海から訪れ、上陸し、移入し、土着したものであったろうと推論したのだった。つまり、わが祖先の起源を説いてくれたのだった。

「遠山常民大学の理念と実践」

後藤先生にとっての「遠山」と、ご自身の解放が熱く語られている。

ところで、鎌倉柳田学舎では『柳田国男の鎌倉断章』を編んだ。もちろん後藤先生のご指示に依ったものではあったが、右の文章に接すると、このように感動をもって鎌倉を掘ることはなかった、楽しみはしたがと思う。もっとも後藤先生は、中世都市鎌倉にも現在の鎌倉にも興味をお持ちにはならなかったと思っている。「生活者」の思想も、常民の精神史を育む風土はここにはなく、昔から単なる通過の地であったと指摘されていたことを思い出す。

（曾原糸子）

『柳田国男論』

一九八七（昭和六十二）年一月二十五日、恒文社刊、五一〇頁。

本書は、著者が柳田研究二十五年の節目を迎えたのを期に、恒文社社長の池田恒雄の強いすすめにより、これまでの著書や論文のなかから、柳田国男にまつわる論考を改めて一書にまとめたものである。一九六四年から一九八五年までの、単著六冊と雑誌、新聞に掲載された論文など合計三十六篇と、書き下ろしの序「はじめに――柳田研究二十五年覚え書き」からなっている。

内容は、大きく四つに分けられている。

Ⅰ　柳田国男の思想形成と学問　少年期から青春体験、結婚、転向論、戦争と生涯をたどりながら思想形成と学問を追っていく。

Ⅱ　思想史における柳田国男　戦後の一九六〇年代、一九七〇年代の柳田再評価の思想史的意味を問いながら、北一輝や長谷川如是閑らとの比較を試みる。

Ⅲ　柳田国男と常民の思想　柳田の「常民」を思想史の領域で積極的に発掘し抽出する試みを紹介し、明治近代と天皇信仰の相対化を試みる。

Ⅳ　柳田国男研究の展開　柳田生誕一〇〇年（昭和五十年）や、没後二十年（昭

和五十七年）に行われたシンポジウムを期に、柳田研究の新たな展開を紹介している。著者はそこに近代百年の深い病理を超えてゆく道が拓かれてゆくことを、期待を込めて述べている。（松尾達彦）

（「はじめに」の中に橋川文三のエッセイが紹介されている。）

「柳田は、出征する青年の日章旗に『未来を愛すべきこと』と端的に書き与えている。それは、己の魂の救いを求めるという奇怪な美意識―倒錯した滅びの意識とはまるで異質な教えであった。」

「はじめに――柳田研究二十五年覚え書き」


「未来を愛せよ」という言葉は、先生から、ゼミに入室した初期に、話して頂いたこともあったと記憶している。この言葉は、時代を超えて、人の陥りやすいニヒリズムと真に人の生きる理由の両方を指し示してくれていると思う。（中野正人）

〈「私」と柳田学〉という個性ある出会いこそ、必要なことではないだろうか。（傍点著者）
「柳田学の思想と学問」

先生は同論文で〈「私」と柳田学〉という図式は、「私」の主体性に重みがおかれ、よりジェネラティブな出会いではないか、と述べておられる。

先生における一貫した学問のスタイルは、対象に没入することなく、正面から対峙し、格闘することを通して、新たな思想の地平を獲得しようとするものだった。思想における主体と生産性を確立しようとする若き日の先生の高いテンションがこのフレーズにはつめこまれている。人物研究がややもすればその顕彰と単なる悪口に傾く「思想」状況の中で、先生の持っておられた緊張感に圧倒される。（村松玄太）

> いまだかつて誰によってもかえりみられることのなかった、文字をもたぬ常民の、その生活と精神の歴史を内在的に理解し、発掘し収集し体系化する作業を通して、それを日本の国と常民の幸福を達成する根本的な原理としようとした、その思想視角のなかに、今日抱えている病理を超え拓いていく可能性を見出したからである。「柳田国男と現代」

柳田国男の常民という言葉が、実体概念であるか、文化概念であるかといった学問的な詮索はそれほど重要なことではない。柳田が日本のくまなき辺土の旅で「現在の事実」として出会ったのが常民とその信仰世界であった。常民の発見であり、また新たな認識、視角といってもよいであろう。後藤のこの文章は、柳田の学問と思想の本質を衝いている。（松尾達彦）

『天皇制国家の形成と民衆』

一九八八（昭和六十三）年四月十日、恒文社刊、三一八頁。

著者が述べているように、本書での論稿はすべて「天皇制国家と民衆」にスポットをあてて、いくつかの角度から、その日本固有の神秘の世界を思想史的に明らかにしようとしたものである。

内容は四章から成っている。

Ⅰ　近代国家の形成と天皇制　明治近代国家の形成は、天皇神学概念の世俗化にあったと説き、伊藤博文、平田東助らの果した役割りに及ぶ。

Ⅱ　民衆思想と天皇制　常民の祖霊信仰―固有信仰の中にある「無私」の感情が天皇制を支える一因ではないかと危惧する。

Ⅲ　ナショナリズムと国家　昭和超国家主義を概観するために北一輝に注目し論ずる。国家変革のため天皇制に焦点をあててその行動を論ずる。

Ⅳ　家と民衆　映画を主題に、日本の常民の精神、思想の根底部にある「家」について考える。この「家」の制度の思想の解体が常民の心の解放につながると指摘する。

（大坪厚雄）

自己を原理化するいわばバイブルを持たないわが日本人は、ある国家的危機を迎えたり、あるいはある確固たるアイデンティティーを求めたりするとき、たとえ非合理であると知りつつも、歴史的神秘性を宿している天皇の存在に深い関心を寄せているのではないかという不安があるからである。

制度としての天皇信仰もさることながら、非制度としての「幻想」あるいは、言葉をかえれば「神秘」としての天皇信仰は、いまだ不可視の世界では解体していないように思われ、それゆえに、むしろ、ある不定型な国際的政治状況を迎えたときには、制度や権力を突き抜けた、国民みずからが求めるいわゆる大衆天皇制を創出する可能性すらあるのではないか。

「序――天皇制研究への視角」

「天皇はなぜ神になったか」私の柳田国男の勉強は、後藤先生のこの一言を聞いた時から始まった。明治政府はなぜ天皇神学の体系化をはかり絶対主義国家を建設できたか。あるいは第二次世界大戦へと突き進んでいった昭和の暗黒時代、なぜわれわれ日本人は天皇のために死んでいけたのか。敗戦後、なぜやすやすと象徴天皇を受け入れられたのか。先生は、柳田が示した〈祖霊信仰―産土信仰―氏神信仰―天皇信仰〉という視角から、このなぞを「近代日本における呪縛構造を形成していった天皇制国家の『作為』と『自然』の思想的構図を、やっと明瞭化することができた」と、見事に解明している。（松村慶子）

天皇制支配をささえた、日本「常民」の感情構造あるいは信仰体系の問題である。「天皇制支配と禁忌」

制度や権力としての天皇制についてではなく、日本「常民」の「固有信仰」にもとづく、いわば「宗教性」としての側面における天皇感情あるいは天皇信仰について、改めて考えてみようということである。「『常民』に宿る天皇信仰」

先生は、故郷に帰られたときは必ず墓参されるという。柳田が「固有信仰」と呼んだこの「祖先崇拝」の感情は、懐かしい不思議な感情として、御自身の心にも無意識に宿っていると言われる。氏の長として神事を司る天皇は神と同一視され、それゆえその宗教上の「禁忌」と、日本人の誰にでも潜んでいる祖先崇拝信仰の「神秘性」「禁忌」が結びつき、天皇は現人神となり「常民」の心情を支配していった。（松村慶子）

『神のかよい路　天竜水系の世界観』

本書は後藤総一郎先生が書かれた「あとがき」によると、『なごみ』編集部の青柳整氏に「天竜川紀行」の取材と連載を依頼され、それを受けて一九八七年十月から取材調査、原稿執筆を、明治大学学生部長という激務の中、行われた。その成果がこの『神のかよい路』の中核となった。「Ⅱ章　神のかよい路　天竜水系の世界観」は、その連載記事を加筆補正したものである。「Ⅰ章　伊那谷　日本のみえる原風土」は、写真集『伊那谷』（一九八七年　信濃毎日新聞社）の解説として書かれたもので、本書で著者が書いておきたかった天竜川水系の古層の神観念についての論が展開されている。

この著作が執筆された頃（一九八七、八八年）、著者は激務を超人的なパワーでこなしていった黄金時代であった。『柳田国男伝』（三一書房　一九八八年）のまとめの作業、静岡県磐田市誌『天竜川流域の暮らしと文化』（一九八九年）の編集作業、『柳田国男と現代』（「信濃毎日新聞」）の週一回の連載、全国の常民大学の講義、そして明治大学の仕事。この時期の著者は、天竜川水系の神観念について文献史料、民俗資料そしてフィールドワークを駆使して独自の見解を生き生きと展開されていった。輝かしい活躍の時期における渾身の一著である。

なおこの著作を読むときに、遠州常民文化談話会元代表の大庭祐輔の『竜神信仰――諏訪神のルーツをさぐる』を併読されると楽しく立体的な理解ができるであろう。

（中山正典）

「祭る　生まれ清まりの精神史」

伊那谷の人びとは、前代、すなわち無文字社会において、これら神への祈りと「わざおぎ」を通して、己れのそして共同体の倫理を育み、生きてきたのであった。この古層の精神史は、近代における学問や倫理と溶け合いながら、ゆっくりと個性的な、この谷の人間らしさに向かう精神史を培ってきたのであった。日本人の祭りの精神史の原風土、それが伊那谷である。

深い山に囲まれた伊那谷の人々は、山への畏敬と恐怖が強く、山の神への信仰があつかった。そのためいろいろな神を受け入れて、祭り神事（大鹿歌舞伎など）を行ってきた。そのことが、一体となって演じ、観るという共同体の倫理を育み、近代の学問と溶け合いながらゆっくりと個性的な人間らしさに向かう精神を培ってきたのだという価値づけが嬉しく胸に落ちる。後藤先生の伊那谷への暖かいまなざしと賛歌である。

（片桐みどり）

水の神の棲む天竜川は、それゆえにか、また神がみの通う、かよい路でもあった。聖なる川を通って、数多くの諏訪神社がこの流域には祀られている。漂着神伝説のある天竜市二俣《ふたまた》の諏訪神社や笠井の観音は、その象徴といえよう。さらに、信州伊那の光前寺と遠州磐田《いわた》の見付《みつけ》天神を結ぶ「早太郎《はやたろう》伝説」も、流域が結んだそれであった。

ところで、天竜川流域の信仰の個性は、いまひとつ、川の流れに沿って、上流から下流へと、しかも時代とともに、信仰の中心点を移動させていったことである。

すなわち、古代には上流の諏訪信仰が栄え、中世には中流の山岳地帯に霜月《しもつき》信仰が篤い信仰をあつめ、そして近世には下流に近い秋葉山の秋葉信仰が多くの人びとに仰がれていったという信仰の歴史を展開させていった。

「天竜川の歴史像」

天竜川の上流、中流、下流域での信仰の形態の違いを、歴史の流れの中でとらえ、諏訪信仰は縄文の神を、霜月信仰は中世の八幡の神を、秋葉信仰は近世の火防の神を、それぞれ祀ったものだという説は、実にすっきりした整理の仕方である。その神々が、天竜川に沿って行き来したという表現は、天竜川そのものを、「水の神の棲む」聖なる川として、神々を包括し、生み出すものとしてとらえていると考えられよう。

『柳田学の地平線』においても、「上流からは、神の穢れを流し清める川として、下流からは寄り神ののぼる川として」水系の人々に「聖なる川」として認識されていったといわれる。私たちは今、天竜川をどのように見ているのだろうか。「聖なる川」とは、慈愛深い自然の恵みを与える川であるとともに、過酷な自然の脅威を与える、私たち人間の手には負えない畏怖すべき対象として認識されてきたことを物語っているのではないかと思う。現代に生きる私たちも、もう一度、「神の通い路」としての天竜川を見つめなおし、自然に対する敬虔な気持ちを問い直す必要があると思われる。

（名倉愼一郎）

ここには、共同体の親しい死者の魂を慰め、哀切の情を示す場と精神が用意され生きている、ということを身と心をもって知らされる思いがする。

「山の盆」

昭和六十三年、新野の盆踊りの輪に加わったときの先生の感想。最後の十七日、魂送りのときだけ踊られる「能登」で、人々が先祖に名残を惜しむ姿に深く感動し、谷川健一さんは「死ぬときには、新野の里で死にたいね」ともらされたという。その後、飯田の会で先生と一緒に新野の盆踊りに行って、初めて参加して、言葉に出せない感動に浸っている私に、先生が「どうでしたか？」と優しく問いかけてくださったことを思い出す。

（片桐みどり）

見付はその意味で、十字路のフォークロアの地であるともいえる。日本文化の複合文化の象徴が、見付の人と歴史のなかには刻まれているのである。「中世都市・見付」

後藤先生は、『天竜川流域の暮らしと文化』を編さんするなかで、磐田市の中心、見付の地を、「十字路のフォークロア」の地と定義された。それは見付が、東海道の宿場として、東西文化の行き交う地であり、同時に天竜川という南北の道により、上流との文化交流を育んだ地であり、東西南北の文化が出会う、多様な文化層を持った地域であることを意味していた。そのような地域的特色を、後藤先生らしい斬新な言葉で表現された。

（名倉愼一郎）

『柳田学の地平線　信州伊那谷と常民大学』

一九七〇～八〇年代は、『南信濃村史　遠山』をはじめ、『遠山物語』や『天竜川流域の暮らしと文化』など、著者の生まれ育った信州伊那谷や天竜水系の民俗誌を精力的に著し、そのエッセンスは『神のかよい路』（一九九〇年）としてまとめられた。その天竜川流域は、遠山、飯田、遠州と、著者が常民大学運動を展開していった地域が連なってあり、本書は、天竜川流域の民俗調査・研究の過程で育まれた、常民大学の思想の集大成といえる著作である。著者は、「それぞれの地域における歴史と民俗を改めて学び直すことを通して、その地の人びとの歴史意識を育むことを主題とした共同学習にまつわる論考群」（あとがき）であるといっているが、武井正弘先生との対談「『常民大学』運動の軌跡」にみられるように、著者の持論であった「生活者の学び」や「手弁当主義」の解説などを通して、教育者、イデオローグとしての著者の真髄が示されている著作である。

（名倉愼一郎）

常民大学を始めるとき、どこでもわたしは、これは後藤総一郎が「この指とまれ」の学問である。俺たちがやるから講師に来てくれということではない。私の考えている理念や実践に共鳴してやろうとしている人たちと勉強するのであって、わたしに注文をつけるのではいやだ。

「『常民大学』運動の軌跡――武井正弘との対談」

なんの説明もいりません。後藤先生の常民大学へ寄せる期待と熱意がみえてきます。ちなみに先生のお好きな言葉は、陽明学でいう「知行合一」だと「柳田学の地平線」に記している。思考と実践、思想と行動が、つねにセットされていることです。

（鈴木直之）

もう一つは、学んだ学問やものの見方が、職場の中や職業、個人の生き方や家庭や地域に反映できるかどうか。それをやってほしい。少しずつ出ていることを感じますね。そういう意味で生活者の勉強会の意味はあったのではないかと思うんです。さまざまな職業や世代が違う人たちが共同学習することによって、お互いに悩みを語り、理想をぶつけて、学問を媒介とした新しい人間関係と友情を紡いでいくと、俺はあの本を読んでこう考えた、俺は職場でこう考えたということで、柳田学や、わたしがしゃべったことを柱にしてぶつけて、ある普遍性、ある生き方、ものの考え方の振り幅を学んでいく。そういうことを紡ぎだしているのではないか。飯田の場合もそうですね。

先生の遺言の一つと思います。各地の学舎の交わりが、更に新しい人との出会いを含めてこの精神の下で永続せんことを願ってます。柳田や後藤先生とともに一人一人が柱にしてぶつけ合えればと思います。

（三浦邦雄）

常民大学の学習運動がめざすものは何かということですが、わたしは最初から理想や志を持っていたけれども、それが成功するかしないかということは毎年毎年思わない。十年のスパンを掲げるけれども、挫折するかもしれないし、十年やっても何も生まれないかもしれない。だけど、たった一人でもということは掲げてきた。できればという理想はあったわけです。（略）

ものを創造しようというのは二倍三倍の陰の努力をしなければならないわけですからね。それはわたしのたたかいでもあるけれども、楽しみでもあり、収穫でもある。そのことをわたしの一つの人生にしていこう。それがまさに平和のたたかいであるんだと、毎日毎日電車に乗るときに自分に言い聞かせて、ね。

「『常民大学』運動の軌跡──武井正弘との対談」

後藤先生のまさしく人生を賭けた作業であったことが判る。後藤先生にとって、地方にお

ける常民の学習は、十年のスパンを設けた学習とその実践を迫る、極めて先生の情念を示すものであったといえよう。（吉村章司）

> 学問というのは長いスパンの計画があって、それは意識的であったり無意識であったりするんですが、時間をかけないと成熟しないことが学問の世界にはあるんですね。常民大学の成熟もそうだし、わたし自身も長生きしなければならないんですが、ただ長生きすることだけに心を配って、長寿社会に向かって健康に生きていくためにジョギングやったり散歩したり、そういう生き方はしたくない。いつでも野垂れ死にできる。死に向かって何ができるか、その生をどう生きるかという情念がないと、常民大学は通えないということがあるんですね。そうは言ってもできるだけよく寝るということだけは気をつけようと思っているんです。
>
> 「『常民大学』運動の軌跡――武井正弘との対談」

「生に対する貪欲を持て」

先生は、私たちの学びを、十年を一区切りとして学ばせてきた。私たちには意識できなかったが、今思うと、先生には緻密な計画があったことが分かる。「生活者の学び」が地域に根付くまでには、確かにそれくらいの熟成は必要であった。だから長生きしなければならない。しかし、長生きのための長生きなら意味はない、と先生は言う。「死に向かって何ができるか、その生をどう生きるか」という問いかけは、実に先生らしい言葉である。死を迎えるまでは、精一杯生きるのだという、生に対する貪欲ささえ伝わってくるような気がする。平成十三年三月の国府津館での代表者会で、先生と同室になったときに問われた言葉が忘れられない。それは、「世間の人たちは趣味や娯楽にふけっているけれど、人間として学ぶことの大切さをどう思うか」という意味の言葉であったと思う。常に学び続けて、ご自分の言葉どおりの生を生き抜いた先生の生き方に深く感銘し、少しでもそれに近づくことができたらと思う。

（吉村章司）

「常民的ヒューマニズムを育んだ大鹿歌舞伎」

「大鹿の人は、心が温かい。信州とりわけ伊那谷に足をふみ入れた人々の一様に認めるところでもあるといわれる」と述べた後藤先生は、「この人間としての温かさ、あるいはやさしさの精神は一体どこで培われ育まれてきたのであろうか」と自問される。得られた答は「山人の文化」。漂泊者が遺していった神を祀ることのさまざまな文化である。神をたたえ楽しませる舞いとしての「神楽舞い」はやがてそれぞれ発展し独立して、猿楽となり、能となり、そして歌舞伎となっていった。神をたたえる芸能の里伊那谷に、やがてその歌舞伎や人形浄瑠璃が伝播され、伝承されていったという。後藤先生は「ここには、近代における学校教育や憲法倫理以前の、村人共同による肉体を通しての伝承文化の力による、人間の倫理観形成の歴史をみることができる。権力や制度やたんなる知識によって形成された、作為による倫理観とはおよそ異なったある本来的な倫理観の生きた姿がそこにはある。わたしはそれを、『常民的ヒューマニズム』と呼びたい」と結論づけられる。

さらに先生は、常民的ヒューマニズムの具体的解釈について次のように解説されている。「つまり、普通の民である大鹿の里の常民が、田畑を耕し、先祖を敬い、妻子を養い、物と心の飢えを克服しようとして、神の力を信じたたえようとして演じてきた歌舞伎を通して、無文字社会のなかで、無意識のうちに自ずと培われた〝善と悪〟の倫理観、すなわち今日もみられる大鹿の里の人びとの人間としての〝温かさややさしさ〟やそこから生まれた〝正義〟の精神こそ、『常民的ヒューマニズム』であるといえよう」。外部から強制されないこの純粋な内発的な倫理観形成あるいは下からの民衆の共同による内発、自生の倫理を培ったのが大鹿歌舞伎ではなかったのか。

後藤先生がこの「民衆の共同による内発、自生の倫理」をその後の講義でもしばしば熱っぽく語られていたのが思い出される。

（大坪厚雄）

それらの複合的な文化と人間性が、中世国府の都・見付にいまも生きつづけている。古くて新しい町、南と北の文化と、東と西の文化の、まさに十字路に交差する町、それが静岡県磐田市見付の町の、歴史に刻まれた墓碑である。

すなわち、中世と近世が併存する町、農業と工業が併存する町、伝承文化と近代科学が併存する町、それらの歴史と文化を、東西南北から受け入れながらゆっくりと栄えてきた町、それが見付の町の個性であり、貌であるということができよう。
言葉をかえれば、日本の歴史と文化のすべてが見える町、ということができよう。見付の町から、南北を眺め、そして東西を眺めるとき、その先の古《いにしえ》の歴史にあるものが、すべて見付にはある。
見付は、天竜水系の、東国共同体の、歴史と文化における、もっとも鮮やかな「十字路」の町である。日本の文化複合の象徴的な町であるということができよう。

「天竜水系の歴史像」

後藤先生は、磐田市誌『天竜川流域の暮らしと文化』を編さんするなかで、磐田市の中心にある見付を、「十字路のフォークロア」の地と定義づけた。先生が、遠山から東京に出て行く過程で、「あるひとつの世界観」を獲得していったというその背景にあるものは、天竜川流域の精神史であったのだと述懐されている。その精神史を明らかにしたものが、先生の故郷、遠山の村史『南信濃村史　遠山』（一九七六年）であり、その延長としての『遠山物語――ムラの思想史』（一九七九年）であった。さらに磐田市誌の編纂が始まると、諏訪湖から掛塚までの徒歩での実地踏査（一九八五年）を行い、天竜川の筏流しを再現させ、雑誌『なごみ』に一年間にわたる「天竜川紀行」を掲載（一九八八年）し、天竜川流域の精神文化を深く追求していったのである。右記の言葉は、そのなかで、磐田市を、天竜川流域全体の中に位置づけた、絶妙のフレーズであったと思う。

神々がかよい、材木が運ばれ、国学が交流した天竜川は、同時に東西の文化を隔てる断絶の川ともなったという。そのことはとりもなおさず、東西の文化が、流域に寄り集まった地域ともいえるのである。近年、天竜川下流域の町村合併が進められたが、その流域住民のアイデンティティーを表す言葉としても、「十字路のフォークロア」は、先生が私たちに贈ってくれた大きなプレゼントだと思っている。

（名倉愼一郎）

> こうして天竜川は、上流からは、神の穢を流し清める川として、下流からは、寄り神ののぼる川として、すなわち神の通い路としての「聖」なる川として、ここ水系の人びとに等しく認識されていったのである。
>
> 「天竜水系の歴史像」

天竜川を、神々の通う川と表現された。その、優雅なロマンを掻き立てるような命名はさすがと思わされる。諏訪信仰、八幡信仰、秋葉信仰が時代を違えて重層的に分布する、その有様を表現するのに、これ以上の言葉は見つからない。

（名倉愼一郎）

柳田国男が、昭和初年に書いた名著『都市と農村』のなかで、次のように述べていることを改めて考えてみたいものである。「それぞれの人又は一家が、世の流行と宣伝とから独立して、各自の生計に合せて如何なる暮し方をしようかをきめてかかる風が起ればそれでよいのである。この風習さえ一般的になれば、第一次には都市の支配を免れ、すなわち地方分権の基礎は成るのである」(引用は現代表記)。

生活に追われ、時間に制約されることが、食生活をも貧しくしていく。働くために時間を制約されることが、さらにまたさまざまな精神の喪失をさせていく。たとえば、古いいい意味での伝承文化を営み伝えてきた年中行事や冠婚葬祭の儀礼が姿を消しつつあり、簡略化と都市化が進んでいる。

正月の年始回りはほとんど姿を消し、お盆の仏様参りも数を少なくしていった。そしてつい数年前まで新盆の家ごとにやっていた念仏行事も、いまはお寺で合同で済ませてしまう。当然のごとく、もっとも厳粛でていねいであった葬式もアッという間に済ませてしまうのである。

ながい歴史を伝え営まれてきた霜月祭も簡略化されつつあり、いまは旅人の観光のための祭りと化してしまっている部分もある。

科学と技術の進歩のなかで、飢えを克服するために祈ってきた信仰心は、音を立てて喪失していった。

人間の力を超えた共同の神に祈り、己れと村の福祉を祈り心をあわせてきた「敬虔」

な精神はとうに消え失せていったのである。

「遠山　ふるさと考――『過疎』その歴史と再生」

現代社会には、さまざまな病理が顕在化しているが、それは科学技術が進歩して、私たちが非科学的なことを省みなくなったことに大きな原因があるのではないだろうか。すなわち、現代人が自然に対する恐れや人間の持つ弱さを忘れ去って、傲慢になってしまったことが、現代の病理を引き起こしているといえよう。同書の「あとがき」で先生は、「戦後五十五年の今日、その民主化と高度経済成長の光と影がくっきりと顕在化し、とりわけその病理が日本社会を大きくおおっているとき、その病理を切り拓いていく道は、『常民』の歴史である『民俗』の歴史に改めて学ぶしか方法はないといえる」といっている。「敬虔」という言葉は、先生にとって民俗思想史を学ぶ最も重要な背景の一つになっていたといえるだろう。

（名倉愼一郎）

特殊から普遍へ、日本における地域から、世界における地域としてのアジアへ、そして世界史に向かうという意識の自覚と持続こそが、二十一世紀に生きるわたしたち共通のアイデンティティーであるともいえる。いいかえれば、インターナショナルに向かいながら、ナショナルを究めていくということである。そのとき、なによりも「基礎資料」

となるのが「柳田学」であるということは誰もが等しく認めているところである。「あとがき」

後藤総一郎著『柳田学の思想的展開』（一九七六年刊　伝統と現代社）に次のような記述がある。

「柳田国男は、新渡戸のこの『地方学《ぢかたがく》』を発展、展開させ、農民救済のさらに日本人の幸福の達成に向かう、もっとラディカルな『自己認識』の学として位置づけ大成しようとしていったのである」。そして柳田国男の『北小浦民俗誌』をあげて、柳田国男は「北小浦が解れば佐渡が解る。佐渡が明らかになれば日本が、そして人類史が理解可能だ」と考えたことを示した。これが後藤先生の考えられた地域における歴史研究の正しい姿勢である。この姿勢で、『南信濃村史　遠山』が、『天竜川流域の暮らしと文化』が、『天龍村史』が出来上がった。そこには、近現代史、日本民俗学の視点からだけでは到底把握できなかったであろう豊かな民衆の生活史が描かれている。

この地域史研究の姿勢の延長で、先生は、現在の日本民俗学（日本民俗学は一九七六年当時より、より一層硬直化し、死後硬直の状況といえるかもしれない。）を切り捨てる。「『野の学』から『官の学』へとその主流が移行していった今日の日本民俗学に、かつてその原初に抱かれた新渡戸や柳田国男の強烈な農政学の延長線上の学問的モティーフと方法意識はもはや不在であるかもしれない」。「官の学」と鮮やかに一線を画して学問しつづけた柳田国男と後藤総一郎先生の学問姿勢がここで全く合一する。

後藤総一郎先生が説いた地域の民俗文化研究の方法を私たちは、再度認識する必要があると考える。それは、情報化社会への進展著しい昨今では地域の文化が均質化し、独自性を見出しにくくなった地域においてより一層必要となってくるように思う。（中山正典）

『伊那谷の民俗と思想』

四六版、上製カバー装、二一九頁、図版一枚（肖像）。

南信州新聞社出版局、二〇〇三（平成十五）年十一月一日刊。

北信濃の美しい風景に彩られた映画『阿弥陀堂だより』。毎年同じようにめぐりくる季節に感謝を捧げ、「貧乏はありがたいことです」と、踵を地につけて生きる老婆。そうした生き方が、「どれほど人間の生命と精神を無意識のうちに癒し安らぎを与えてくれるかを、これほど鮮明に気づかせてくれた映像をわたしははじめて観た」と序文に記した。だが、本書の刊行を見ぬまま著者は逝かれてしまった。どんなにか無念であったことだろう。

一九八三年の本多勝一『そして我が祖国・日本』（朝日文庫）解説から、二〇〇三年の『伊那民俗研究』特別号に寄せた「柳田国男の地名考」まで、二十年に及ぶ伊那地域の歴史、思想、民俗に関わる論考、講義録等十九篇を、「伊那谷の民俗」、「伊那谷の思想」、「伊那谷の人と思想」、「惜別」の四部に編成。「惜別」は武井正弘氏への弔辞と、柳田為正氏への追悼文である。他に序文に、「信濃毎日新聞」に発表した『阿弥陀堂だより』の印象記全文が引用されている。巻頭に置かれた「天竜水系の世界観」は、二〇〇一年のロータリークラブでの講演録で、伊那谷の発展のために、「先祖の歴史の中から伊那谷の未来や、人類の未来を考えて」いって欲しいと呼びかけている。全篇が故郷伊那谷への熱いエールである。

後記は、映画を一緒に観られた三枝子夫人が、スクリーンに噎び、主題曲を病床で聴き続けた先生の姿を印象深く綴っている。

（飯澤文夫）

合理主義の名のもとに、打ち捨ててきた、日本人の不合理ではあるが、自然と溶けあい自然を神として敬い祀ってきたアニミズム信仰の敬虔な精神の喪失が、今日のさまざまな精神と倫理における病理を生み出していることを感性として気づかされたのであった。

「はじめに――映画『阿弥陀堂だより』から」

映画『阿弥陀堂だより』を観ての感想である。冬の雪が訪れると、先祖の魂が住む山と阿弥陀堂のある里とがつながり、一つの世界になると信じて生きている老婆の民俗的信仰生活の姿から想いを深くしたもの。この映画は三枝子夫人と見た最後の映画で「鑑賞中やたらと涙を流しておりました」と夫人のあとがきがある。先生ご自身も「久しぶりに映画を観た。そして久しぶりに映画に噎《むせ》んだ」と書かれている。私もこの映画を見て、別の意味で涙が出てたまらなかった。

（片桐みどり）

「生活者」の思想とは、わたし流にいえば、己れをさらけ出し、他者と向きあい、自然と溶けあいながら、歴史と現在と未来のはざまから人間存在としての意識の形式の中に立ちあらわれてくる価値観を、日々「生活の準則」として生きることではなかろうかと、問いつづけていくことである。

「はじめに――映画『阿弥陀堂だより』から」

これは最後の出版物となった『伊那谷の民俗と思想』の序、「信濃毎日新聞」のコラムに最後に付け加えた部分である。柳田国男の名著に『信州随筆』があり、信州に関わる論考がまとめられている。これと同様、伊那谷とそこに生まれた人々、民俗芸能、地名、村史の編纂などを通して、何かを問う基本が不変であることを確認。新しいものだけに価値を見出していく生き方で無いことの宣言といえる。

（高橋寛治）

歴史を見直すというのは、そういうふうに追創造、再創造をしながら、それがすぐ役に立つかではなく、気持ちとしてもっと自信を持てる、ここに持てる、アイデンティティーになるということが歴史を学ぶということではないか。何年何月だれが生まれたとか、事件があったとか、そんなことはどうでもいいんです。英雄の歴史の問題はいいんです。常民が、民衆がどうやって生きてきたかということが大事なんです。そういう意味で中流域の湯立神楽を継承してきた精神史というのは、今日の我々に訴える、美しいものがあったのではないかという感じがします。

「天竜水系の世界観」

伊那谷の湯立神事の講演での言葉。「神子」の神事を受けることにより地域社会がその子を育てた社会福祉の精神、猟師が獲物を捕った時に一人ひとりに平等に持ち分を分ける「タマス」という事実から、歴史に対する視点と戦後の平等とか人権の以前に、縄文の昔から「ムラ」の社会では平等があったことを紐解き、歴史を学ぶ意味を語っている。

（髙橋寛治）

思想史の分析でいうと、日本の東山道というのがあります。養蚕地帯、ここには幕末に歌舞伎や浄瑠璃が大変盛んな地区、そしてそれは自由民権運動や幕末に百姓一揆を起こしている。たとえば秩父事件とか、飯田事件とか、こういうように抵抗エネルギーを生み出した地域が、点線として兵庫県から美濃、それから伊那谷から秩父、さらに福島へとつながっていくわけです。というふうに精神史の過程を見ていくと、東山道は、養蚕地帯、歌舞伎、そして百姓一揆、自由民権運動というふうにつながっていくと思う。

「天竜水系の世界観」

伊那谷の歌舞伎についての講演の言葉、歌舞伎を地域の財産としてみるやさしい視点を超え、日本全体の倫理と重ね合わせて、民衆がハレの場において、勧善懲悪の正義感を養ってきた心意の発露として歌舞伎や人形浄瑠璃を位置付け、かつその基盤を養蚕による経済的自立に結びつけるのは、後藤史学の最も重要な視点といえる。そして、そのようなエネルギーは、諏訪信仰を基盤にして、時代のうねりの中で積み上げられた事実を確認し、伊那谷と呼ばれる小さな里を調査することから日本全体が見えてくる、大きな枠組を提示している。

（髙橋寛治）

> 歴史を見直すというのは、そういうふうに追創造、再創造をしながら、それがすぐ役に立つかではなく、気持ちとしてもっと自信を持てる、ここに持てる、アイデンティティーになるということが歴史を学ぶことではないか。（略）常民が、民衆が、どうやって生きてきたかということが大事なんです。
>
> 「天竜水系の世界観」

湯立神事を継承してきた伊那谷には人権の思想が育っているという。共同体の中で民衆がどうやって生きてきたかということを知って、そこから自分はどうすればいいのか考えよと、自己確立の方策を示唆する。故郷に自信と誇りを持ってこれからの生き方を模索していかな

ければならないと思う。（片桐みどり）

伊那谷というのは、日本が見える。小さな里であるけれども、日本の見える原風土である。（略）日本の政治史や文化史のミニチュアが飯田には見える、それは我々は誇りにしてもいいのではないか。
「天竜水系の世界観」

伊那谷に住む私としてはあらためてわが故郷を見直し、日本の歴史のうねりにつながる小さな伊那谷の出来事や人々の生きざまを掘り起こしたい。その延長線上にある今の自分を、いい加減に生きてはいけないと先生から戒められている気がする。（片桐みどり）

親が子を思い、子が親を思う。それをもって自分の人生観・倫理観として盆には帰るということをしていかないと、われわれの倫理はすたれてしまう。（略）民俗の中で培われた人権思想を再生復活させていくことが、本当の意味で日本の近代を内発的につくっていくことになろう。
「盆の世界観」

正月と盆は、ともに先祖を迎える楽しい行事である。祖父母や親が集って先祖を祭り、家族や地域の絆を深め合うことこそ、人が人を思う愛で、身体で示して行動したり考えたりしていかないと憲法の人権思想が空虚なものになってしまうと、行動のよりどころ、バイブルにも代るような大事なものであると世界観を説く。

かつて老父母は、私が生家へ帰るのをどんなに喜んで迎えてくれたか、独りになった母はどんなに弟と暮らしたがっているかを、まざまざと思い起こさずにはいられない。それが人間の自然の感情であり、倫理観でもあるのだと……。

（片桐みどり）

思えば、わずか二十余年の間に、わたしたちは、ささやかな富の所有とひきかえに未来に生きる少年たちの大切な場と空間を失わせてしまったのです。いやそれ以上に、少年たちの人間としての感性の形成を喪失させてしまったのです。そのことの歴史的責任は重いといわざるを得ません。「子どもの想像力の復権――柳田国男『こども風土記』から」

青少年の問題が起きるたびに、どうして今の子供たちはこんなになってしまったんだろうと暗い気持ちになる。親が、学校が……などといわれるけれど、実は私たち社会全体でこうした病理を生み出してしまったことに気づかされる。昭和十六年柳田国男がすでに予告していたというのに、高度経済成長に酔ってきた自分たちの、苦くて悲しい、反省を抉り出される。

（片桐みどり）

学問というのは歴史をもう一回追体験して、現在の感覚から読みなおして光を当てていくことが大事なのです。

「『破戒』をめぐる島崎藤村と柳田国男」


歴史を見なおす時過去を過去として見るのではなく、過去をどのようにして現在に解釈したら意味があるか。これをおこなうのが学問であり、それを教えてくれたのが柳田国男であるとの基本的視座である。

（髙橋寛治）

常民大学研究紀要1『柳田学前史』

わたしは、この四月から七月まで韓国に滞在し、特別講義をいくつかおこなったが、その中で、現代日本学会というところに呼ばれて「丸山真男と柳田国男」について話をした。そこで「なぜ柳田国男は、北の韓国から銅や鉄、シャーマンや仏教を受容していることに、ほとんど触れていないのか。南だけを日本人の起源と言っているのはおかしい。天皇制の問題が出るから避けて通ったのか」という質問を受けて、はたと困り、「柳田は、証拠が見えないから、南方起源の説しか取り上げなかったが、皆さんと一緒にこれから研究に取り掛からなければいけない」と言って、日本代表としては逃げた形となったが、これも我々が抱えた課題として、ぜひ来年は、皆さんと一緒に考えて行きたい。「柳田国男とアジア」という問題を、もう一度、学問としても、日本人の起源としても、文化交流としても、さらに、二十一世紀を迎える今日の平和の問題としても、考えて行きたい。そういう柳田の思想と現代とをつなぐ意味でも、柳田とアジアという問題は、どうしてもやらなければならない。それは、植民地主義を排する、というような単純なこととは違う、という思いが強い。

「柳田学前史の意義」

柳田国男の日本人の起源論、稲を携えて南から来たという「海上の道」の中での仮説への反論に対する後藤先生の意識はこのとき以来、以前より熱くなったように思う。もちろん、アジアへ向けての関心は以前から持っておられたが、たゆまず前向きに問題意識を持たれる先生の眼前に現れた大きな課題の一つとなったことは確かであろう。

そして二〇〇二年の立川での合同研究会の研究主題「古層における日韓文化交流史」につながっていく。しかも、二〇〇一年十二月二十三日の天皇発言というのがあった。「我々が抱えた課題」といわれ、また「皆さんと一緒にこれから研究に取り掛からなければならない」という投げかけ方は、偉大な先生の姿勢の低い一面である。

柳田の思想と現代をつなぎ、柳田国男とアジアの問題、機軸が常に柳田にあることを身にしみ感じさせる。

（曽原糸子）

つまり、このことを私の言葉で要約して言うと「過去が分かれば、未来が分かる」ということだろう。逆に言えば、未来を予見するためには、過去を理解しなければならない。過去を知らなければならない。柳田は、ジュネーブから帰ってきてから、「今までの私の学問は、ディレッタントだった。日本人の祖先の歴史を知ればよいと思ってやってきたが、それだけではない。実は、村の歴史や民俗の歴史を知ることを通して、自分の反省、村の反省をすることが重要だ。それが自己認識だ」と言った。歴史というものを、過去を掘り起こす技術や方法を編みだして、物知りになることではなくて、過去を掘ることで自分を知り、未来の予見力を養うことである、とした。そのことの自信が、民俗学の体系化と様々な研究の展開、例えば、昭和初年に展開していった方言などの語彙の研究、心の世界の伝承である昔話や伝説の研究の展開につながり、そして、中心になる『先祖の話』、共同体の精神史である『日本の祭』に収斂していったということが窺われる。そういう意味で、このハイネとフランスを通して民衆の歴史、信仰史を知ること、また、歴史を知ることが、実は過去から未来への予見力を養うことになる、それが、自己認識にもつながる、それは、また世界平和につながって行く、というふうに、柳田は、理念として認識をしていったと言える。

「柳田学前史の意義」

この二十年間、折々に先生の言葉としてわたしは胸に収めてきた。それに続く言葉は、

つねづね柳田が言っていたことは「学問によって国を救う」ということである。つまり、経世済民の志であり、その中に理念を吸収し、民俗学を方法論として常民史を掘り起こし、弟子たちを組織し、育てて行くという方向に進んだのではないか。このことをそういう流れの中で捉えて、我々自身も、一人ひとりが、勉強会にしても、研究の発表にしても、それぞれの職場での生き方にしても、つながる形でやって行くことが出来ないか、ということを柳田学前史を考えながら、改めて思ったところである。

「柳田学前史の意義」

後藤先生は、大学教授という仕事と並列に、常民大学、野の学をつねに真剣に考えておられた。先生は個人的な私利私欲など毛頭お持ちではなかった。あるのは教育者としての天性の資質と、つねなる真剣さと、また暖かなユーモアであった。もちろん、前向きであることをたいへん喜ばれた。そして些細なことにも耳をかたむけ、だれかれの言葉を聴いてくださった。

（曾原糸子）

『柳田学の地平線／感想文集』

二〇〇〇年三月、信濃毎日新聞社から刊行された『柳田学の地平線』に対する感想文集である。編集から製本まですべて鎌倉柳田学舎の方々の手で作られた一二五頁におよぶ冊子で、感想を寄せた各常民大学の会員は三十七人に及ぶ。巻末に八誌（紙）に紹介された書評も掲載されている。この感想文集の発案は著者自身であったが、常民大学の総括を急いでいた理由が何処にあったのか、今となっては聞く術もない。二百字詰め原稿用紙五枚に綴られた著者の自筆原稿を八年後の私たちへ宛てた著者からのメッセージとして再確認したい。

> 若い頃、橋川先生から、書評はおおいに書きなさいといわれたことがありました。そんなこともあって、書評紙などに依頼されて、たくさんの書評を書いてきました。
> またあるとき、鶴見俊輔先生からは、感動を受けた著書は、そのまま己れのものとして評価し、嫌いな著者や著書は、そのままた正直に書いた方がいいと教えられたことがありました。
> たしかに、書評あるいは感想を書くということは勉強になりました。
> そんなこともあって、一度、ぜひみなさんに素直に拙著への感想を書いてもらいたい

と思っていました。

とりわけ、こんどの拙著は、わたしとみなさんと深いかかわりのある事柄が多いので、より一層思われたのです。

また、やっかいな注文をと思われた方もあったかと思いますが、ともあれ、三十数人の方が、思い思いの感想を寄せて下さり、感謝しております。（略）

それぞれしかとわたしの心根を受けとめて下さり、わたしなりに納得致しました。

そのことを改めて心に刻み、みなさんの先頭に立ったり、スクラムを組んだりしながら、ともに人生の年輪をていねいに刻んでいきたいと願っています。

そして、近い日に、みなさんの著書や論文の感想を今度はわたしに書かせてもらいたいと強く思っています。

まずはお礼にかえて。

二〇〇〇年八月五日
追記／コピーと製本を鎌倉のみなさんにお世話になりました。

「『感想文』を寄せられた方へのお礼」


「ともに人生の年輪をていねいに刻んでいきたい」と綴った著者の残りの人生があと僅かであったことなど、わたしたち誰もが思ってもいなかった。二年後の闘病生活のなかでも、常民大学叢書としてひとり一冊ずつ刊行するプランのメモ書きが残っていた。後藤さんに一冊も贈呈することができずに、「はやく一冊物にしろ」の激励を本気にしていなかった過去の自分に歯痒さを感じているのは、わたしだけではないはずである。

（小田富英）

二　野の学びの道標

後藤総一郎は、研究者、教育者であると同時に、それ以上に思想家であり、そして実践者でもある。全国に十三を数える常民大学を組織し、その主宰講師を務め、各地を駆けめぐり、おびただしい数の講義録やエッセイ、そして野の学問への呼びかけを遺した。それは各地の常民大学の学びの記録となり、そして導きの糸ともなった。師亡き後も、その志を継ぎ、学びを続ける常民大学とそこに集う個人個人にとって、この言葉の一つひとつが、今なお生きているかのように語りかけてくる。

それは、柳田国男が示した野の学びを、身命を賭して実践しようとした後藤総一郎が遺した各地の常民大学の学びの「みちしるべ」であり、これからもその意味を失うことはないであろう。

『生活者の学び――六常民大学合同研究会の記録』

わたしたちは、自分を知り確かなものにしていくための勉強として歴史を勉強していくのであり、またその仕方として自分史・地域史・人類史とを繋ぐことをつねに頭におきながら勉強していく。そのことが結果として、内面倫理とか、主体的な自由を持った人間像を作っていくことになるのではないか、という期待をこめて学びあっているとわたしは考えてきました。

「第一回六常民大学合同研究会」（一九八三年八月）での、先生の基調報告の一部であるが、先生がよく言われた「アイデンティティーの確立」に関わる部分だと思った。また、自分にとっての学びの基本として、今も自分に言い聞かせている先生の言葉である。（永井豪）

『見付次第／共古日録抄』

このようなふるさとの文化財をわが町に根強く持っているということは、多くは音を立てて根こそぎ変わって行く砂漠のような日本の状況の中にあって、実に尊いことであると思う。それに近づけるかどうかは、皆さんの歴史や文化に対する関心の問題になるといえますね。『見付次第』の意義を知るためには、歴史を知らなければならない。蓄積されてきた遠州の文化を知らなければならない。それは、先程の、たかが白拍子であるけれども、酒に名前を付けて飲めばいいというものではなく、そこまであこがれた、流布された千寿の悲しみの歌謡を掘り起こしながら、中世歌謡の中にどういうふうに我々がその雅びや悲しみを歌いあげ、知ることができるのか、そういう意味で一人の女の精神史をくみとり、見付に刻まれてあったということを町の人が知ることは、歴史に対する想像力を喚起することではないかという印象を持つわけです。結局、郷土の歴史を知ってゆくということは郷土を愛するということで、郷土愛があるということは人間愛があるということである。人間愛がないような社会は、砂漠の社会であると言えます。

「『見付次第』の意義」

これは、平成十年十月に、遠州常民文化談話会が「山中共古と磐田」の記念事業の一環として行なった連続講座の中での、後藤先生の講演の一部である。平成八年から読み始めた山中共古の『見付次第』は、その後、注釈研究としてまとめていこうということになり、平成十年には、その研究途中の成果を公開して市民の方々にも関心を持ってもらおうと、五月に「山中共古ウォーク」、八月から十月にかけては連続記念講演、そして十月に磐田市立図書館での企画展示「山中共古と磐田」と、多彩な行事を繰り広げた。その成果は、二年後の平成十二年、『見付次第／共古日録抄』として上梓することができた。その日は、この注釈研究の中心となって活躍した前代表、熊切正次さんのちょうど一周忌の日であった。

引用は、講演の最後の部分であるが、後藤先生がいつも持論とされている、地域の歴史を学ぶことの大切さが分かりやすく示されている。『見付次第』の注釈を進めていく中で、私たちに、具体的な作業をとおして地域研究の必要性と重要性を教えてくださったと思う。郷土の歴史を知ることは、郷土愛であり、人間愛であるという、このことが、先生のいう「生活者の学び」の本質ではなかったかと思う。

（名倉愼一郎）

『地域を拓く学び　飯田歴史大学十年の歩み』

伊那谷の思想史研究の意義としてさし当り次の二点をあげよう。第一は近代日本精神史の典型としての伊那谷のそれを見ることだ。第二は複合文化としての日本文化の典型を伊那谷に見ることだ。この勉強会の目ざすものは郷土研究を通しての自己教育である。その特徴の第一は普通の生活者による学問だということだ。第二は自己認識のための学問であるということだ。第三は参加者の内発性にもとづく学問だということだ。第四は身銭主義だ、第五は持続的研究ということだ。

飯田歴史大学が開講した一九八二年三月十四日に飯田図書館の講義室での第一講「飯田学事始　伊那近代思想史研究の意義」で後藤先生は、先生の柳田学との関わりを話され、柳田国男の郷土研究の根本的な理念、現在までの伊那谷の郷土研究の是正する点や今後の課題を話された後、伊那谷の思想史研究の意義とこの勉強会の意義を話された。郷土で学ぶ意義と学びのあり方が端的にまとめられている。

（原幸夫）

飯田歴史大学の十年の持続を支え、着実な発展を促していってくれたものに、運営委員の力強い結束とそこから編み出された、毎回発行の「会報」があったことを記しておかねばならぬ。一〇〇号におよぶ、この講義記録とレジュメと感想などを中心とした「会報」がなかったら、野の学の灯はまさに〝風前〟であったといっても過言ではなかろう。（略）

己れの情念を解放し、自己認識を深め、予見力を磨く、公共の福祉に向かう、民俗と思想の架橋的学問の世界へと進む、第二期の十年を、わたしは待っていたとばかり、楽しみにしている。

社会教育の範疇にも、生涯教育のそれにも属しない、新たな生活者の学びの範型としての常民大学の営みが問われるのは、実はこれから十年の営みと成果にかかっているといえよう。

そのスタートラインに、やっと立ち並ぶことができたことを、まずはみなさんと共に喜びあいたいと思っている。
そして終わりのない学問の旅に、あつく乾杯しよう。

十周年記念誌巻頭の「生活者の学の範型―飯田線の旅・十年の情念」にある言葉です。冊子の性格上、主語は飯田歴史大学になっていますが、常民大学のあり方、その意義、進むべき道について、後藤先生がつねに言ってこられたことです。常民大学合同研究会二十周年を終えた今、あらためて後藤先生の熱い思いに応える道を模索しつづけねばならないと思います。

（前澤奈緒子）

農村青年の精神とエネルギー

祭を支えたり、歌舞伎をやったり、発句もやったりする生きのいい農村青年、つまりお祭青年に支えられた精神、エネルギーこそが実に秩父蜂起を支えたのです。
農民、常民というのは精神が無垢であり、ナイーブですから、閉ざされた村落社会から解放される方法としては、そこから飛び出すか、村に残っていわゆる歌舞伎を通して閉ざされた自分の情念を解放するしかなかったのです。全国の農村に歌舞伎が伝播したのはそのためです。江戸時代に江戸や京都に民衆の喝采、支持を得たのもそのためです。
『柳田学舎』(鎌倉柳田学舎)第七号

掲載の講義は後藤先生が森山軍治郎の一八八四年の秩父事件を題材として書かれた『民衆蜂起と祭』の紹介に関連して感想を述べられたものである。歌舞伎は精神を高めることを主眼としているが、秩父においてもその役割を果したといえる。換言すれば歌舞伎はいわゆる虚構であり、その中で農村は青年が元気に舞台を演じて、演技を競うことによって陶酔感に浸るようになる。歌舞伎は青年を理想の姿に変身させる願望を持たせるが、それを支えている倫理は完全調和である。

このように考えると、森山軍治郎は『民衆蜂起と祭』の中で柳田民俗学に示唆を得て、実証的に秩父の青年達の歌舞伎や俳句を考察していることがわかる。後藤先生は森山軍治郎が動揺する首謀者の下に「大衆として立ち上がっていった農村青年はそういう群であり、階層であり、精神を持った青年達である。その青年を支えた精神は発句や歌舞伎の中で培われた正義感であった」という位置づけをしていると述べられている。「柳田学、民俗学の手法を用いての民俗史の開拓はわれわれに新しい示唆を与えるものではないかと言えます」と評価している。

(大坪厚雄)

「『根源』の学としての柳田学」

二十一世紀は、思考的にも経済的にもそして文化としても、きらきら輝き、わたしたちを導いてくれる確固たる透明なナビゲーターとなる設計図が不在である。不幸といわざるをえない。

だからこそ、日本人の、そして人類の根源を見つめなおし、社会の主役であるわたしたち一人一人が、日々考えながら、ていねいに生活し、歴史を刻んでいかねばならぬといえよう。

そのとき、やはり「根源」を考える材料として役に立つのが、柳田学であるとわたしは思いつづけているのである。

『柳田学舎』創刊号

一九九四年四月、鎌倉柳田国男研究会と鎌倉市民学舎は合同して鎌倉柳田学舎として再出発した。その通信創刊号へのメッセージの一文である。

「根源」という言葉は、後藤先生がよく使った言葉である。かつて一九六〇年代の後半、ラディカルという言葉がよく使われたが、ラディカルという言葉は、もともと「根本的な」あるいは「根源的な」という意味であり、そこから転じて「徹底的な」、「過激な」そして「急進的な」という意味に使われるようになった。そういう点では当時のラディカルという言葉には「根源的」であるが故に「急進的」であるという意味が一体のものとして含まれていたのだと思うのだが、それは次第に行動としての急進性に力点が置かれて使われるようになった。

もちろん後藤先生もラディカルという言葉を使っていないわけではない。しかし、ここで同じことを意味するラディカルという言葉を使わず、あえて「根源」という言葉で表現していることの意味は、私の誤読かも知れないが、行動としての急進性と、「根源」に遡上しその本質を思考しようとする態度とを峻別しようとするというところにあったのではないかと思う。

つまり、後藤先生は、行動としての急進性でなく、まずは日本及び日本人である私たちの「根源」を見つめ直す営為を追求し、それを可能にする学問として柳田学をとらえていたのであり、この「根源」の学こそが現代の病理を解明し、そしてあるべき将来の姿を指し示す力を持つものとして考えていたのではないだろうか。そしてそこから二十一世紀の二十年も前から新たな世紀を射程に入れた思考をしていた。

この短い文章からも戦後思想への静かな、そしてまさにラディカルな総括が感じられる。

（久保田宏）

「ゼミ員諸君に向けて」

ほとんどが受身の教育機関となっている大学の中で、唯一残された自主研究の場である二年間のゼミ活動における、自らによるテーマとモティーフの形成、自らの文字による論理の構成、歴史における特殊の普遍化作業などの思想的トレーニングの研究過程を通して、歴史的意識を身につけた「自覚したマッセ」として成熟してくれることを祈っている。

この言葉は、私の現在の仕事での支えとなっている。
ここに示された方法は、ゼミでの二年間のみならず、私たちの日々の生活の中で、本当の実践が始まるものであったことを、実感している。

（中野正人）

「人柄の『直会』の場」

みなさんが、もっと心のうちをさらけだし、誠実になり、恥をさらすことのおおらかな勇気を出しあうことが大切と思っている。（略）
生活者の学は辛い。だが、そのことに負けたら、個の尊厳は育まれない。

小さなことでもいい。一つのことの真実を、己の力で、己の考えで、己の営みで、己の一個の努力によって究めていくという、その考え方、生き方、努力の持続が貴いのである。

その相対化、普遍化に向かうとき、「自由な主体」が形成されていくのである。

わたしたちの学びは、そのことを目指しているのではなかっただろうか。

『谷戸通信』(鎌倉柳田国男研究会)第十一号

先生にお会いできなくなった今でも、この言葉は先生の肉声を聞く思いがします。ただ、右記先生のお言葉中「相対化」という言葉にはひっかかりを覚えます。自己が体得し、出会い、悟った「真理」は相対化できないものと私は思っています。

(三浦邦雄)

「座談会　総合講座を担当して」

普通の授業でもそうだけど、僕らは、希望と絶望を抱きながら汗びっしょりかいてしゃべっているわけです。みんなそうだと思うんだけど。結局一〇〇人聴いていて、この中でたった一人わかって志を立てて、卒業しても本読みながら生きていく学生がでるかどうか。

『紫紺の歴程　大学史紀要』第四号

明治大学の歴史を教える「学部間総合講座　明治大学と近代」の担当教員による座談会にて。

上記のセリフは先生の好きな言葉で、私たちにもしばしば言われた。先生は学生の勉強不足を嘆いた。だがこのセリフの後にはいつも続きがあった。「そうやって生きていく学生が、一〇〇人のなかのたった一人でもいい。それを期待して僕は教えているんだ」と。先生の「人を信じる力」は強靱だった。

（村松玄太）

『あすへひとこと』第三集「昔の遊び」

これはたんなる年寄りの手慰め、などというものでは決してない。現代社会の病理にたいする痛烈な文明批判の作業であったと言えよう。可愛い孫を思う、人間の未来を思う、邑楽の里びとの「遺言」である。

この言葉は、邑楽の高齢者が綴った『あすへひとこと』第三集「昔の遊び」に寄せていただいた文の一節です。

南信濃村和田で開催された第一回の合同研究会の時に、先生から頂いた地元の老人達が編集し、発行した『高齢者の語り　ふるさとへの伝言』の邑楽版を邑楽の高齢者と発行できないか。そして常民の学びを邑楽の地でも開催できないかと家路を急いだ思い出が甦る。

公民館主催の「生きがいやりがい講座」を経て、あすへひとこと編集委員会を組織し、昭和六十一年三月に第一集を発刊し、昭和六十三年二月に第二集、そして、平成元年の町制施行二十周年を記念して、第三集「昔の遊び」の発行となったのです。

『あすへひとこと』編集委員会と於波良岐常民学舎は表裏一体で、次集はどういうテーマで編集するかを何時も先生にアドバイスを得ながら、実作業に入る前に学習会を重ねた。第五集「家の民俗誌　邑楽の盆と正月」（平成七年三月）まで続いた。そして編集委員のメンバーは様変わりしたが現在、第九集「邑楽町のくらしと四季」を編集中である。

確実に邑楽の里びとの心が編まれている。

（石原照盛）

『あすへひとこと』第四集「おうらのくらしと民具」

内発的な「老いの学び」を通して最期の最期まで、堂々と立派に生きようとしておられる邑楽のみなさんの中に、これからの高齢者の生き方の、日本的におけるさきがけとしての範型を見る思いがする。（略）ただ単に個の生を長生きすればいいという考えではなくて、最期まで個と共同のために、自己の人生を闘い抜いて、人生をまっとうして欲しいと私は思う。いや私もそうした先輩の後に続いて、闘い抜いて家の、地域の、祖国の、そして人類史の先祖になっていきたいと、今を生きつづけているつもりである。

この文は、平成三年九月発行の『あすへひとこと』第四集「おうらのくらしと民具」に寄せていただいた先生の挨拶文の一節です。

『あすへひとこと』編集委員の取組の手応えと邑楽の里びとの学びの確かさを実感し、先生自身の十年後二十年後の生きる姿の揺るぎない確信を得た瞬間ではなかったかと、今振り返って思う。心に残る言葉である。

（石原照盛）

『後藤総一郎講義集』（於波良岐常民学舎）

自由な、自立した学びの小舎である（野の学舎）ので、その中で自分自身をさらけ出し、みんなで助合い、共に学問しながら「常民学舎」を作っていこう。それが同時に、生活と自分を変えていく、問いの場になっていくものであると信じる。

於波良岐常民學舎の講義は、『後藤総一郎講義集』（一九九二年九月・於波良岐常民學舎）として簡易印刷になりました。これは、川島健二さんを中心とした運営委員の講義録（会報）

をまとめたものですが、右の言葉は、斎藤がまとめて印刷に付していただいたもう一つの講義録によりました。いはば、斎藤が「感じたるまま」に記録したのですが、このような文脈で語られました。

①「於波良岐」は、邑楽の古い呼びかたで、『和名抄』や『和漢三才図会』にもあり、今回、世話人が配布した資料でも説明されている。

於波良岐（ヲ・ハラ・キ）の、ヲ又はイは接頭語で上や山手の方向を示し、ハラ又パラは低地、キは土台や大地を意味すると考えられる。従って、「於波良岐」は、山の方の低地というような意味かと考えてよい。

ところで、地名というものは、「言葉の化石」であり、その土地の歴史や民衆のことを考えていくうえで大変貴重なものである。現在、民俗学者の谷川健一さんが「地名研究所」を設立して、各地の研究者を組織しているが、この発端となったのが柳田國男の『地名の研究』という著作である。

地名には、この地に生きてきた民衆の生活や信仰、労働などの感情が込められている。その意味で「無形の文化遺産」といえるのである。「於波良岐」と命名したのには、そんな無形の文化遺産を継承したいという願いが含まれていることを知って欲しい。

余談になるが、わたしたちの姓や名にも同じようなことが考えられる。余り住所移動のなかった近代以前では、姓名の起源を追えば、家の歴史や村の成立ちがたどれたのである。また、無名の民衆である我々が初めて意味をこめて付けるのが子供への命名であろう。そこには、子供への願いや思いが込められているとともに、その時代の感情が反映されているのも事実なのである。

②つぎに「常民」とは何かということである。

「常民」という言葉は、近代以前からあったが、これを積極的に（意味を持たせて）使ったのが柳田國男である。何故使ったのかは、『民間伝承論』などで述べられているが、いま重要なのは「無識の者」という考え方であろう。

我々の祖先も百何年前まで、無識の民であった。村の中で字を書くことのできる者は神主と坊さんくらいで、あとは読み書きは出来ないのが当り前であった。しかし、だからといって、言葉を話さなかったわけではないし、価値観も道徳も文化も持たなかったわけではなく、むしろ、その民衆文化の積極的な担い手であった。こうした地域に土着して田畑を耕し民間信仰を守り、民衆文化を伝えていく者を「常民」という概念で呼んだのであり、この人達は人口の八十五％から九十％を占めていた。柳田は、定住している民衆を常民とよんだので、旅人（道心坊や、桶屋・鍛冶屋という暫くずつ村に住んでは、他に移って行く漂泊者）は、伝承文化をそのままの姿で伝えないから、この概念からはみだしている。

「歴史」は、多くの場合において「文字を持つものの歴史」であったが、実際に「むらを動かしているのは無識の者の判断」であり、それが歴史の主体である。柳田國男の民俗学は、常民という概念を提出して、これを歴史の主体としたことによって、明治政府の学問へのアンチ・テーゼ（反措定）であったのであり、これも頭に入れておいて欲しい。

現代日本は、そうした意味において「常民」が揺らいでいる。就職や転勤によって祖先の住んでいた場所に定住していかない民衆が増えているからである。しかしながら、地域を良くしていくこと、よい國民を育てていくこと、といった柳田國男の「民俗学」への願いには変わりがないわけであるから、わたしたちの勉強する願いを込めて「常民」という文字を使うのである。これは、文字を持つ常民への架橋ともいえるであろう。「歴史は多くの場合に於て悔恨の書であった」といわれるが、わたしたちは賢い生活者となっていくことを希んでこれから勉強していく。

③そして、学びの小舎という意味で「学舎」となづける。これは、むろん建物を指すのではなくて、「共同の学びの小舎である」という精神でいうのである。

自由な、自立した学びの小舎である（野の学舎）ので、その中で自分自身をさらけ出し、みんなで助合い、共に学問しながら「常民学舎」を作っていこう。それが同時に、生活と自分を変えていく、問いの場になっていくものであると信じる。

（斎藤遙山）

『注釈遠野物語』

『遠野物語』の新地平
——注釈研究十年の史譜

一九九七年、夏。

それは、わたしにとっても、遠野の人びとにとっても、いやそれ以上に、柳田国男の不朽の名作『遠野物語』に関心を寄せる多くの研究者をはじめとする、さらに広い読者にとっても、ある新鮮な衝撃を伴った、忘れられない季節として刻まれていくこととなろう。

十年におよぶ、地元遠野市のみなさんによる、初めての『遠野物語』研究である『注釈遠野物語』が上梓されたからである。

わずか一一九話、数十頁の原著が、その六倍余にもふくれあがった四百頁を越える大著となって上梓された本書を手にしたとき、そのズシリとした重さのなかに、精魂こめた十年の学びの成果の重みを改めて思わずにはいられなかった。その感慨が、わたしのたんなる手前味噌でないことを、本書を手にされ熟読されるとき、自ずと理解されることとなろう。

さて、本書におけるその成果のいくつかをまずは記しておくこととしよう。

本書のなによりもの個性は、わたしのささやかな水先案内役のもとに集った、「遠野常民大学」と呼ぶ、柳田国男の学問と思想を学ぶ、いわゆる野の学・生活者の学である、地元遠野市民の十年におよぶ共同学習によって編まれたということである。当然のこととして、そこにはアマチュアとしてのある種の負と地元のメンバーであるというプラスの二つが当初から存在していた。

だが、一九八七年夏から開講された、毎月一回のわたしの柳田学あるいは『遠野物語』の本来的な意義についての講義と、その後の彼らの主体的な調査研究リポートの積み重ねと、いまひとつ、新たなる『遠野物語』研究の論稿を展開してきた、『村落伝承論』の三浦佑之（千葉大学助教授）や、『遠野／物語考』の赤坂憲雄（東北芸術工科大学教授）や、「『遠野物語』の成立過程」をまとめられた石井正己（東京学芸大学助教授）の三氏からの、それぞれの専門領域からの度重なる懇切なご指導によって、アマチュアであることの壁を見事に克服していったのであった。その成熟の証明とも成果ともいえる一書が本書であるということができよう。

その意味でいえば、『遠野物語』の本来的な意味と意義の普遍的理解をしかと胸に刻むことができた、在地の研究者が育まれたことの意義は限りなく大きいといえよう。本書と本書を編まれた地元研究者の誕生を契機として、遠野はたんなる表層的な観光「民話の里」から脱出して、日本常民の精神史の象徴的な紙碑としての『遠野物語』の里として位置づけられていくであろうし、またそうあらねばならなくなるであろう。

そのことの、地元遠野市民にとっての、さらには広く『遠野物語』に関心を寄せる多くの読者にとっても、ひとつの本来的な『遠野物語』認識に向けての驚鐘乱打の一書となっていくであろう。

『遠野物語』が上梓（一九一〇年）されてから、この夏、八十八年のまさに米寿の史譜を迎える。そしてこの夏、やっと本書を通して、柳田国男の初志を受けとめ受け継ぐことが出来た。柳翁も、ほほえんでいてくれるだろうと秘かにわたしは思っているほどである。

ところでいまひとつの、『遠野物語』のまさに舞台である地元遠野のみなさんによって、本格的な調査研究がはじめてなされていったことの意義は極めて大きいといえよう。百人をこえる地元関係者からのいわゆる聞き取り調査は、『遠野物語』の登場人物の系譜や伝承をすべて明晰にすることができ、歴史や地名やものの所在や信仰なども一目瞭然とすることができたのである。

たとえば、一話に述べられている「七内八崎」もすべて特定化することができたというように、あるいは今日ポピュラーとなっている「カッパ淵」伝説も、ひとつではなく実は八カ所にもあったという新発見もあったのである。そしてその解釈も、たんなる妖怪伝説だけではなく、近世の飢饉の折に、いわゆる「間引き」としてカッパ淵に子どもを流したという悲話や奇型の子どもを流したというカッパ淵伝説の歴史考証や、聞き取り調査のなかから改めて知らされたという発見などは、わたしたちの胸をひきしめさせたほどであった。

このことは、二十余冊をこえる今日までの旅人としての研究者の『遠野物語』論には見ることのできなかった成果として迎えられていくこととなろう。

そしていまひとつの本書の比類ない成果は、柳田国男が当時自ら記した、佐々木喜善から聞いた話を「毛筆」でしたためた「毛筆本」と、それを原稿用紙に清書した「ペン書き本」と、そして活字にし朱を入れた「初校本」とのいわゆる「初稿本三部作」がはじめて紹介されたということである。と同時に、それを通して柳田国男の推敲過程を一話一話丹念にトレースしたことである。このことの意義も新たといえよう。

その意味でいえば、一九九二年に、この「初稿本三部作」を柳田国男から贈られ大切に保存されていた、松本市在住のいまは亡き池上隆祐先生とご夫人から、遠野市に寄贈されたことに、改めて感謝せねばなるまい。その十余年にわたってのいわば「橋渡し役」をつとめさせて頂いたわたしにとっては、やっと池上先生の墓前にその成果の一端をご報告申しあげることができることをうれしく思っている。

それにしても、この十年、それぞれの生活をかかえながら、コツコツと誠実に学びつづけた「遠野常民大学」のメンバーの志と情熱に改めて敬意を表したいと思う。会の財政を含めての運営を担いつづけた小井口有・似内邦雄・糠森富士雄の三氏にはとくに頭を下げる。そして後半、調査研究・執筆編集のカナメをつとめて下さった高柳俊郎・鈴木重三・佐藤誠輔・荻野馨の四氏にもご苦労さまでしたとひとことお礼を申し述べておきたい。

これらのメンバーを中心に、最後まで残った二十一人の仲間とこの十年、学んでは飲み、飲んでは学びながら、一方で学問を深めながら、また一方でともに人間としての人格を高めることができたことが、拙い講師役しかつとめることができなかったわたしにとって、思い出深い、いやかけがえのない十年となったのである。

本書が、地元発信のたんなるユニークな研究書である以上に、生涯学習あるいは生涯教育が一般化されてきたなかで、本書を育んだ「遠野常民大学」の営みは、おそらくひとつのあるべき姿としての範型となっていくであろうという予感がわたしにはするのである。それは、柳田国男の「常民」すなわち今日の生活者の学問の理念が、「歴史」を学ぶことによって「自己認識」を獲得せよということにあり、その実践としての学びが「遠野常民大学」であり、同じような学びをつづけている全国十カ所の「常民大学」の、その地域学の象徴的な先駆を果してくれたからである。

願わくば、地元遠野の市民が、広く本書を手にされ熟読され、遠い先祖の苦悩に満ちた精神史をふりかえり、そこから離陸した今日の生活と精神のありようを改めて見直し、遠野人としての「自己認識」を深めながら、確かな誇りをたちのぼらせてくれることを期待したい。

最後に、本書をまとめるにあたって、貴重な「初稿本三部作」の閲覧ならびに口絵の写真撮影のご配慮を頂いた遠野市にまずは感謝申しあげ、さらにさきに述べた三人の研究者をはじめとする数多くの研究者のご助言ご指導にも深く感謝申しあげる。同時に地元市民の数多くのみなさんのご協力にも攻めてお礼を申し述べておかねばならない。

そして、本書の出版にあたって、快いそして適切なご配慮とご指導を頂いた筑摩書房編集部のみなさんにも心から感謝申しあげる次第である。また当然のことではあるが、『遠野物語』の著作権者である柳田為正先生ご夫妻には、快く原著を自由に研究することをお許し頂き、日頃のご交誼も含めて改めてありがとうございましたとお礼を申し述べさせて頂く。

米寿を迎えた『遠野物語』に、新たなる地平を記した本書ではあるが、まだまだ多くの課題や視角が今後も発見され埋め尽されていくであろうが、本書を手にされた心ある読者から温かく厳しいご指摘を今後のわたしどものために与えて下さることを願ってわたしの「序」とする。

遠野常民大学は、後藤先生の熱っぽいアジテーションから始まった。柳田国男を知らずして、『遠野物語』の意味・意義を知らずして、その恩恵だけを享受している遠野の現状に警鐘を鳴らした。生活者としての学問の意味を持たなければ未来への展望はない、という持論の展開である。

一通りの柳田学の講義を終えてから、課題として提案されたのが『遠野物語』の注釈研究であった。われわれはみな『遠野物語』を一応は読んでいる。内容には奇怪なことが多いが、流麗な文語体の品のある文章である。つい雰囲気としては分かったつもりになっているが、問い詰められると知らないでいる事実が多い。後藤先生が筆頭にあげたのは「七内八崎」であった。その「七内」はどこどこにあって「八崎」はどこなのか、答える責任が遠野人にはある、というのだ。

そのようにして『遠野物語』の一話一話に注釈を付けようというのだ。さらに、できればその意味・解釈論まですすめよう、というのである。実際、『遠野物語』には曖昧模糊とした表現が多い。また丁寧に読むと、最初から事実と違うと思われる記述があるし、話の筋が飛躍したりしている。さらに地元の遠野人には分かり切ったこととして、不問に付していたことなのだが、改めて問われると、とっさには説明できないことがある。あるいは柳田が「頭注」として付けた中に『石神問答』との関わりがあり、柳田の学識の一端を示すものもあって遠野人にとっては一筋縄ではいきかねるものもある。

いずれも、佐々木喜善が「お化け話」の延長として思いついたまま話し、柳田国男が「新しい学問」の誕生を予感しながら「感じたるまま」に書いたというものである。そして、それを「目前の出来事」「現在の事実」と言いながら、その端々に見え隠れする遠野の古い文化・歴史の残滓、あるいは日本の古層の世界とでもいうものが示されていることは否めない。

常民大学の活動は、分担した項目を尋ねて歩き回ることから始まった。思い出に残るのは、平成七（一九九五）年の六月、総勢十人ほどで橋野（釜石市橋野町）の早栃《わせとち》へのフィールドワークである。橋野は遠野郷の隣だから昔から交流が盛んな土地で、なぜか「遠野物語拾遺」に十数話採録されているような、いわば小さな遠野郷を形作っている土地だ。後藤先生は、「私はフィールドワークは得意ではないけどな」と言いながらも早栃の古老たちと面接しながら、私たちにその要領を示してくれた。私たちにとつても参考になったし、早柝の人たちにも、わが土地での『遠野物語』を再認識して、地域おこしの出発点にもなったといえる事業であった。

本格的な注釈研究に入る前に、地元遠野として基礎になる仕事がすすめられていた。佐藤誠輔の『口語訳遠野物語』（一九九二年）、高柳俊郎の『柳田国男の遠野紀行』（一九九二年）、鈴木重三の『いろは遠野物語』（一九九四年）である。その上にたって遠野常民大学二十一名があるいはグループで、あるいは個人で『遠野物語』一一九話を分けて担当したことになる。寄れば文殊の知恵で、ふとしたことに隠れていた事実が見えてきたりすると、体が熱くなるような感動を覚えたものだった。そして最終的な原稿にまとめる二年間、筑摩書房に入稿して初稿が出るまでの半年は目の回るような忙しさ、というよりも原稿で頭がいっぱいだった。

後藤先生は、一九九七年の「遠野物語ゼミナール」の基調講義で、「『注釈遠野物語』の上梓とその意義」という節を立てて評価された。項目的には、「地元からのトータルな研究書」「一〇〇人を越える人々からの聞きとり」「地元の皮膚感覚、息づかい」「アマチュアの限界を突破して」「専門の研究者の協力」「新しい発見や収穫、①七内八崎②河童伝承をめぐって、③初稿本三部作に見る推敲のあと、④大手の筑摩書房から出版できたこと」とある。詳しくは九七年のゼミナール記録集、あるいは『遠野常民』第六十五号をご覧いただきたい。

「専門家の協力」であるが、最後のつめに三浦、赤坂、石井の各先生方に遠野にお出ましをお願いした。全体の三分の一ずつ担当して、集中的なゼミナール方式で一字一句吟味をしていただいた。赤坂先生からは「十年の年月に耐えるものを作れ」と、気合いをかけられた。精力的な、そして懇切丁寧なご指導に、改めて深く感謝申し上げたい。

蛇足であるが、成文は小生が文体を調えてワープロに入れたので、共同研究にありがちな文体のばらつきがなかったことも、読者から好評をいただいて嬉しかった。

後藤先生は、末尾に、「米寿を迎えた『遠野物語』に、新たなる地平を記した本書ではあるが、まだまだ多くの課題や視角が今後も発見され埋め尽くされていくであろうが」と記されているが、特に「本編」で解き尽くされなかった「拾遺」の注釈研究が課題として残されている。とりあえず「拾遺」二九九話の注釈作業を完成させることが、先生の学恩に報いる第一のステップであろうと考えている。後藤先生と歩いた橋野の早栃の伝承も、今はだいぶ読み解きができている。早栃の「実のならない柿」の背後にはこんな歴史があったのだよ、と、新しい発見がある度にご報告したい気持ちでいる。そのときの後藤先生の笑顔が見えるような気がする。その度に、今も遠野が新しく生まれ変わっていっているのだと思う。感謝。（高柳俊郎）

世界への発信基地の一里塚

「この書を外国に在る人々に呈する」

と柳田国男が冒頭に記した、日本民俗学の鍬入れの書『遠野物語』が世に刊されてから八十年になる。

それから今日、「外国に在る人々」によって、四十六本の英・独・仏・伊におよぶ、柳田学の紹介及び著作の翻訳がなされている。そしてこの四月から十一月まで、わたくしが滞在し「柳田国男論」を講義したドイツのテュービンゲン大学日本学科の学生十数名が、深い関心を示して受講しそのうち四名が柳田の著作を卒論のテーマとして学ぶこととなった。さらに、隣フランスのソルボンヌ大学でも二人の女子学生が、博士論文に柳田を書こうと励んでいる。今から三十余年前、梅棹忠夫が「日本において、真に国際輸出が可能な学問は、柳田学しかない」といった指摘がいまようやく、若い世代によって理解されようとしている。「儒教や禅や源氏物語」といういわば日本の支配階級の文化ではない「常民」の歴史と精神を通して、日本のエネルギーを支えているエートスを知りたいと望む、世界の渦がわき興りつつある。喜ばしい事と言えよう。その原初の著作『遠野物語』が、いまこそ、遠野の人によって正確に理解され、世界に伝えられなければならないときはない。遠野人の責任は重い。その重さの誇りとして、日本民俗文化の生きた世界への発信基地として欲しい。そのことを、しみじみと実感させてくれた、ヨーロッパの体験であった。

『遠野物語』発刊八十周年記念の催しが、二十年後の「百周年国際シンポジュウム」への導火線となることを祈って、西ドイツからのメッセージとする。

『遠野物語』発行八十周年記念事業へのメッセージ

柳田国男の思想の核にあったものは、名も無き人々の歴史へのしたたかなる意志であった。このことは、もちろん後藤先生から学びたたきこまれている。遠野の図書館・博物館がオープンして二十八年になる今でも『遠野物語』を本当にわかっているのか自分自身に疑問が残っている。後藤先生にはそのことを強く言われたことが思い出される。それ以前にもたくさんの先人によって『遠野物語』を紹介したり、地元の郷土史研究家による勉強会が行われている。この様な実績によって、今日の「遠野物語研究所」では、「昔話教室」や「遠野物語教室」のように地元の方々から学ぼうとする姿勢が現れ始めてきている。

遠野常民大学は一九八七年全国十ヶ所目の「学び舎」として、八月「遠野学事始――日本の原郷・遠野の位置と未来」の講義が開講された。この日は柳田国男が初めて遠野を訪れた明治四十二年八月の最終の土・日曜日にもとづいてのことであった。この事から『遠野物語』を考えていくハレの日にして行くことで毎年メイン事業を開催していた。

一九九〇年にも講演とシンポジュウム『遠野物語』発刊八十周年事業を何とか成功裡に終わることができた。この年に後藤先生は西ドイツのテュービンゲン大学へ客員講師として招聘された。そんな多忙のおり、先生からメッセージがあったので記して見た。

そして、渡独前、後藤先生から『遠野物語』注釈研究をやっておくようにご指示があった年でもある。まさに遠野の人自身による『遠野物語』の注釈研究をし、常民の歴史書として捉えなおしていく作業である。それをさらに遠野人も含み多くの方々にも知ってもらうことと考えての仕事であった。

その後、一九九七年八月に待望の『注釈遠野物語』が刊行されたのである。「遠野常民大学」が発足して、二十年の節目になるが、後藤先生は、『遠野物語』は日本のムラの精神史、歴史意識の象徴であるんだから、観光の売り物にするなら中身を研究してくれと言われた。我々は、毎月一度の「生活者と学問」を説く後藤先生の講義を二十人を超す常民大学のメンバーでリポートを書きためて、四百ページにもなる「解説書（注釈遠野物語）」を完成させた。

間もなく、二〇一〇年には『遠野物語』発刊百周年になる。この事では、後藤先生のメッセージに記されている「百周年国際シンポジュウム」への導火線となることを祈っていたはずだったが、残念である。後藤総一郎先生は、我々の前にあらわれてこないのです。

これからは、後藤学を支柱にし、新しい『遠野物語』の読み方と想像ができるように努力し、後藤先生が言っておられるように「世界への発信基地の一里塚」に少しでも寄与していきたい。

（似内邦雄）

柳田学　学問

「柳田学」

柳田の著作の中に昭和三年に出た『青年と学問』というのがあります。その冒頭に私の好きな言葉があります。それは柳田の歴史観です。史学というのは自己を知るための学問だ、といいます。「史学は古いことを穿鑿する技術では決してない。人が自己を見出すための学問であったのだ」これまでの歴史学はこう考えてはこなかった。

「学問」

学問とは問いて思うことですね。学ぶということは覚えるということなんです。問いて思うことです。

一九八五年　講座「柳田国男と現代」

後藤先生がいつも語られていた言葉である。柳田国男という民俗学者は過去のものを過去のものとして掘り下げる歴史を嫌った。現代を生きてゆく人々の役に立つものとして歴史の中に法則性を見つけ出し、将来の予見力を作り出すといった、現代生活を問い、現代生活を開いていく意味で歴史に立ち向かったのだ。史学を学ぶことで己を知り、村の歴史を知ることはすなわち村や村人が反省することである。後藤先生は常民が学問するとは反省の学として、村の歴史を学ぶことだと一貫して語られていた。

（山口茂記）

家族　戦後四十三年過ぎた家・家督について

「家族」
柳田によれば、家族とは共同労働である。一人前にすることを基本にして、家が中心で、助け合って生きていくことを体で教えないといけない。先祖のおろかではあったけれども、人間として凛とした美しさみたいなものを感じますし、人間としてまっとうに生きる姿を柳田学の中に見られれます。

一九八五年　講座「柳田国男と現代」

「戦後四十三年過ぎた家・家督について」
それは青年や少年たちの反乱と、財産がないので学歴教育をつけさせるという学歴教育信仰を生み出し、現代的な分家法が学歴教育をつけさせることだといえます。その中で家督というには財産だけでなく、その家の家風、気質、才能、職能など広い意味でのその家の美点を子どもたちに分け与えていくことでもあるわけです。督とは日本固有のものとしてあります。今日われわれが学歴しかつけることが出来ず、家風もしつけも失われているとすれば、現代が実に零落した家風しか持ち得ない不遇を抱えていることになります。そのつけが少年たちに苦しみとなって病理反乱を起こしていることも事実だろうし、初めて経験する高齢社会の中で天下、国家が面倒を見なければ天寿をまっとうすることも出来ない不遇もかかえている。それは厚生施設などで解決するわけですが、精神的には不遇を抱えています。そういう意味で家の問題、家を興した先祖の問題とはただ線香を点ててチーンをしていればいいのではなく、二千年来作られてきたものがこの二十年でガラッと変わってしまいました。遠い時代に柳田国男は、家は変わっていくだろう、しかし日本人の倫理観や生きがいのベースになった家を思う考え方の歴史を眺めておくことが大事ではないかといっています。

一九八八年十月十二日　公民館市民大学セミナー「先祖の話」

親の子殺し・親子心中、子の親殺しの事件が出るたびに、後藤先生は柳田の『先祖の話』などを引用されながら家の問題を話された。戦後社会に生きる私たちが抱えた不遇についての鋭い指摘がある。後藤先生には『遠山物語』でご自分の家と家族と地域について語っていられる。また「家の思想」（天皇制国家の支配原理）の中でも親と子の愛についての考察がある。政治思想史家であった後藤先生にとって、天皇制国家を問うとき家の問題は避けては通れない課題であった。先生はその課題に正面から自らの出自を問うことから始めている。そして、家族を愛せよと。

（山口茂記）

信仰　遊びの喪失

「信仰」

日本人は先祖を敬って生きたところに神が生まれるわけです。その先祖たちも、後の者たちのために、田畑を切り開き、しかし飲まず食わずで死んでいったわけです。だから先祖を祭る。先祖を祭ると自分も祭ってくれる。この先祖崇拝が日本人の道徳を生み出した筋であった。そこから敬語を生み出し、氏神も出てくる。だから日本の神は自然信仰の先に祖霊信仰があり、氏神信仰があった。先祖を敬うということは、即ち家を大事にするということです。日本人の祖霊信仰は家信仰です。

「遊びの喪失」

少年たちの暴力化、自殺は社会の問題であり、少年たちの変化とは遊ぶ場の喪失、遊びの喪失なんです。藤田省三の『精神史的考察』という本の中には、かくれんぼう遊びの喪失という指摘がある。遊びがなくなったのは路地裏が車によって道路になったからだと。かくれんぼう遊びに象徴される伝承遊びがなくなった。自由な、子どもたちの自治による、伝承的なその地域の遊びがなくなったのです。かくれんぼう遊びが失われることによって、情操の成長が失われた。「目を開けてもういいよ」で友達がいなくなり、砂漠になり、人生において迷い子を経験し、一人で歩いて考え、探すという共同の経験をする。遊びが旅のもとを作り出していくわけです。考えていくと「カゴメカゴメ」もそうですが、大人の祖霊信仰の真似であり、地域共同体の基本が養われたわけです。

一九八五年　講座「柳田国男と現代」

柳田国男の学問については「日本民俗学の創成者、柳田国男の学問とは一言でいえば、私たちの生命をはぐくむ稲を作り、生活倫理を支える伝統文化を担ってきた『常民』と呼ばれる、私たちの先祖の歴史を掘り起こし、それを今日の根無し草と化しつつある私たち日本人の『自己を知る』ための学問として興された学問である」と語られている。後藤先生には自己を知ることと学問とは一体不離のものとして認識されていた。藤田省三の「かくれんぼう遊び」のことはよく話された。そこには、故郷遠山を出て東京にきた後藤先生の影が投影されているようにも思える。

（山口茂記）

柳田国男の学問の方法について

柳田国男という人は序文の名人であったといわれています。柳田は序文の中で誰に向けて何を言わんとしているのかをびしっと言っているんです。そこを読んでおかないと柳田の問題意識を見失います。

一九八五年　講座「柳田国男と現代」

常民の歴史は文字を持たないから言い伝えを調べていくわけです。文字の歴史は英雄中心の歴史で、それでは八五％以上の農民は出てこない。まず、目に見えるものへの関心、耳に聞こえるものへの関心、そして心に映る現象（信仰の歴史）です。その方法は自分の村ではどうか、隣の村ではどうか。やがてアジアの歴史、世界史につなげていくわけです。言葉を変えて言えば、自分史↓地域史↓日本史↓世界史へとつながってゆくわけです。そのことによって、いなかっぺといいながら世界はなぜと問うことにつながる。個人と人類の結合ですね。普遍性を目指す学問であるといえます。もうひとつは徹底した実証主義です。こうして柳田の学問は貧困をなくすことだというのが最終的な目的だったわけです。その理念からまとめますと柳田学は三つあったわけです。第一は現代科学であるということ。過去を過去として洗うのではなく、なぜ貧しいのかを問うために過去を探るわけです。そのために問いの学といわれる。第二は自分を知る学問。自己認識の学だということです。判断力、未来はどうなったらいいのかを考える予見力をつけるわけです。第三は、英雄、貴族ではなく米を作った農民が歴史の主体としての常民の学であるわけです。そして最後の願いは、「総国民の総幸福、そのために共同の疑いを高めよ」といったわけです。まずそのために歴史の主体となれというわけです。

一九八五年　公民館市民大学セミナー「柳田国男の思想形成」

この言葉には後藤先生が柳田学に賭けるエキスが凝縮されている。そして生涯一貫して説かれていたことであった。常民の学は実践の学であり、経世済民の学であった。「なぜ農民は貧なりや」の問いとともに、己れを知り、歴史の中で物を言わなかったけれど主体であった常民の歴史を知ること。その究極の目的は「総国民の総幸福」であり、そのために、「共同の疑いを高めよ」と呼びかける。自己と学問と社会の一体化した思考。それは後藤先生ご自身の生き様であったように思える。

（山口茂記）

平和について

人間は聖人君主になるか、賢者にでもなって神の領域に達しない限りは誰かを抑圧して生きないと生きれないという業を持っているんです。それを矯正させてゆく力とは知の力か教養、人柄の力であるわけですが、生まれたままで生きていくとそうなってしまうのです。だから差別構造というのは永遠になくす努力をしながらもどこかに残ってしまうという政治の構造があるわけなんです。その意味で考えると、当時は差別感を知らないうちに持っていたし、知った今もどこかにわれわれは持っているわけです。それは否定できないわけです。しかしそれをなくさない限りだめなんだ。平和というものは異人種間の差別感をなくさない限りだめなんだ。ではどうするか、それは自分の身の回りの歴史を知ってゆくこと、隣の国の歴史を知ってゆくということですね。

一九八六年　公民館市民大学セミナー「青年と学問」

後藤先生の平和への思いが語られている。平和を達成するための学問。それは自分の身近なところからきずき、そして隣の国を知ってゆく学問、そして「平和」は「異人種間の差別感をなくすこと」であり、何よりも歴史が過去の記述ではなく、自分を見つけ出してゆく学問、生きる人間のお互いの誇りを見つけ出してゆく学問の必要性を説いた。そして後藤先生は繰り返し、「バイブルを持たないわれわれは過去の繰り返しの生活を知らない限り、正義とか友情とか愛はつかめない」と語られた。そこが柳田学に向かう原点であるように思う。

（山口茂記）

実は旅はいい読書であり、学問と同じなのだ

実は旅はいい読書であり、学問と同じなのだ。

一九八六年　公民館市民大学セミナー「青年と学問」

柳田国男は歴史に名を残す旅行家であった。また、菅江真澄への執着など柳田の旅への思

いは深い。後藤先生は実に三十年にわたり十の常民大学を春から夏へ、そして合同研究会をへて秋から冬へ、毎月講義に通われていた。それを旅というのは、いかがかと思うのであるが、かつて「旅は憂いものつらいもの」であったが、実は旅は読書と同じであり学問と同じなのだということき、この言葉は柳田の言葉であると同時に後藤先生の実感でもあったような気がするのである。

（山口茂記）

学問――柳田学について

学問とは眼前の生活の疑問を解くことから始めねばならないし、問いを発する必要があるんですね。私があちこちの勉強会で生活と学問を繋ぐその媒介項に柳田学を置くのはそういうことです。現代のコンピューター社会の行方などは柳田学では答えが出ないのですが、考えるための基礎トレーニングの場としてあるんですね。これまでの学問はこうしたことすらしてこなかった。いわば、生活に答える学問はなかった。このことを、昭和二年にいうことは大変なことです。

東京を有機的な組織に変えていく。また地方の有機的な組織によって東京を包囲していくこと。そして、地方の独自な文化をどう創っていくのかが今後の課題になると思います。そうしないと、東京の情報集約に向かい、地方の東京化となり、やがてそれぞれの都市が人間的な住環境の指標を失ってしまうのではないでしょうか。そういう中で、私たちがあちこちで進める勉強会が地域を変え、東京を包囲する力になっていくのかどうか。こうした思いは理想としてあっても現実にはなかなかということでしょうが、文明とか文化とか言うときにはこうしたことがいえるだろうと思います。

一九八六年　公民館市民大学セミナー「郷土研究」

地域の学問として、実学としての柳田学を提唱した後藤先生の思想を知ることが出来る一節です。それは好事家の学問ではなく、現実を読み解く生きた学問であった。この東京を包囲することの思いは「無念」の気持とともに後藤先生のひそかに抱いていた戦略であった。

（山口茂記）

風景の喪失

「風景」の喪失は、人間の「心」の喪失である。「人間のための自然」から「自然と共生する人間」への模索の道程が、二十一世紀の課題であり続けるであろう。その「風景」

の思想の旅を、ここ二、三年の主題として、学ぶことにする。
一九九六年　「立川柳田国男を読む会」講座の主宰講師から呼びかけ

一九九一年の講演「柳田国男とフェミニズム」の中で二十一世紀の課題として、第一に少子化・高齢社会、高学歴化、国際化の中で、人間とは何かを考え、問うことが繰り返し出てくるし、そのことを問うレベルが高くなる。第二に男と女の問題で、人間として尊厳をどう取り戻すのかが問われる。第三に家、家族、家庭の問題。そのあり方を戦後戸主権を失った中で、歴史の中からつむぎだすこと。第四は地方自治、地域共同体の解体と今後に向けた新たな再生の問題として。第五に教育の根本的な再生の課題。第六に生命を育むこと。衣食住の点検が繰り返しされないといけない。以上を含めて日本人の精神史をどう形成するのか。倫理観を構成するのかが引き続いての課題となる、と予見しています。風景の喪失とはこうした文脈の中で捉える言葉です。風景を作るのはそこに暮らす常民であるのなら、風景の喪失とは常民の歴史から切り離された「根無し草」にほかならない。

（山口茂記）

「二十世紀末のアジアそして日本の思想風景と課題」

日本の教典を知るには、日本にはバイブルがないから、文字がないから、祭りに行って見学しないと分からない。それを比較検討する。「景観主義」つまり、目に映ずるもの、耳に聞こえるもの、心に映るものが風景ということで、実は民俗学の方法論そのものが風景の位相から問いを発して内面に入ってくるということではないかと思います。

一九九九年「立川柳田国男を読む会」講義

後藤先生はいつも、バイブルのない日本の不遇とそれを補う意味で、現代の課題の九〇%の課題を考えたといわれる柳田民俗学について説かれていた。それは外から、違いを比較する「景観主義」の見方であった。後藤先生は柳田国男の風景論として『豆の葉と太陽』という一冊を立川に紹介された。そこには柳田の旅のエッセイや、風景のエッセイが集められていた。さらには、武蔵野についての論考が展開されていた。

（山口茂記）

「戦後民衆思想史」

国民の人権意識をどこで育てていくかという原理が現在ないのではないかという問題に突き当たります。憲法を読んだだけではだめなんです。ヨーロッパで言えばバイブルです。日本にはバイブルがないという問題と、しかし一方のヨーロッパはもはやバイブルだけではどうしようもないという現実があります。いちばん最初に崩れたのはアメリカ社会です。バイブルによる倫理を突き破って、競争原理を優先させた。そのアメリカ文化が戦後日本に入ってきた。アメリカ文化との出会いを点検するのも、戦後五十年に課せられたテーマだと思います。平等の人権意識をどこで作り上げるのかを考えた場合、自己を原理化するバイブルとして、歴史意識しかない。現代の問題をいつも歴史の中で考えていく。その歴史意識の養い方が生涯学習だと思いますが、常民大学は柳田国男に導かれてですが、そこに理念があった。戦後五十年の現在、高校卒業九〇％、大学卒業五〇％近い高等の国では、一国の歴史だけではだめなのではないか。世界人類の普遍的な原理と日本の歴史を整合させていく。簡単に言えば丸山真男の西欧の道具立てによる日本人論と、柳田の民俗文化による歴史意識とクロスさせないといけないのではないか、というのが私がやってきた仕事であるわけですが、それでもなかなか見えてこない。そこに大きな問題があります。

一九九四年「立川柳田国男を読む会」講義

近代思想史と民俗思想史との融合。西欧近代思想と日本民俗思想とのクロス。丸山真男と柳田国男との思想的融合は後藤先生の生涯をかけた学問テーマであった。そしてそれはドイツへ、台湾へ、そして韓国へと行動範囲が拡大する中で、いよいよ切実な課題として先生の中に構想が膨らんだように思う。しかし、それを果たせぬままに先生は逝ってしまわれた。その思いは「無念」というほかにない。

（山口茂記）

三　心に残る言葉

後藤総一郎が創った常民大学。そこに集った人びとは、三百人を優に越えているであろう。後藤総一郎の偉大なところは、その一人ひとりに直接話しかけ、そしてその個性と問題意識に則して、学ぶべき道を指し示したところにあることは多くの人の等しく認めるところであろう。その言葉は、人生や社会への深い洞察に裏付けられた言葉であり、ある時は励まし、ある時は諭し、そして時には癒しであり、決して押しつけることなく、それだけに一人ひとりの胸に深く刻まれたものである。だから、その言葉はいつまでも心に残り、座右の銘にも成り得べきものであった。

それは、言葉の意味が軽くなった現代において、かつての言霊のように人を動かし得る言葉であった。

よしわかった

後藤先生の行動力と実践力の卓抜さは、今更述べるまでもないことであるが、明治大学図書館長という行政職者としての先生の傍で三年を過ごさせていただいて、確たる方法論に裏付けされた手腕の冴えをまじまじと見ることができた。先生は、私たちの業務上の上中にじっくりと耳を傾けられ、暫くの瞑目後、「それはだめだな」と提案や企画の甘さを衝かれる。しかし、得心された時には、間髪をいれずに「よしわかった」と大きな声で頷かれる。先生にそう云わせたらしめたものだ。次の瞬間には席を立たれ、関係先に根回しをし、時に学長でも理事者のもとへでも直談判に行って道筋を立ててこられる。先生にいかにしてこの言葉を吐かせるか、事務プロパーとして心を励まし、先生に立ち向かっていった日々が懐かしく、熱く蘇ってくる。

（飯澤文夫）

もう、そばは打たなくっていい

時折、私の運転する車の中で先生はそう言っておられた。常民学舎の学習を終え、ひと時の直会を納め、邑楽から館林駅までの車中の事である。

一九九六年四月から邑楽町農畜産物直売所、「あいあいセンター」を女性達（四十五名）の起業として立ち上げ七年目を終えようとしている頃だと思う。売り上げは右肩上がりに伸びていた。高度経済成長期以前に成人を迎えた多くの農村女性は会社勤めの未経験の人も多かった。就業規則について、決められた出勤時間を守らない。彼女達の口から出る言葉、「家が大事」、家あっての「あいあいセンター」である。直売所として生き残るには、規則を作り整備していく。決め事をみんなで納得して作り、守っていく。

先生はいつもそんな私の状況を察して示唆してくれた。群馬の食文化を掘りおこし記録として残しておくようにと。貧しかった時代だからこそ、ひと握りのおむすびに、どれ程心が躍った事か。母達が二時間もかけて作った飯焼餅が、子ども達の手にかかるとほんの五分十分でたいらげられてしまいます。建物だと少なくとも三十年五十年は残るけど食文化というのは、それこそ食ってしまえば終わり。その事をきちんと記録に残し、現代に生きる仕事をして欲しいと願われたのだと思います。

（稲葉泰子）

先生との思い出の会話

一九八七年八月、磐田市で開催された「第五回九常民大学合同研究会」に参加したときに、はじめてこのような〝生活者の学びの集い〟があることを知った。そして、この時、長野県の同僚、池田玲子さんが報告していたことにも身近さを感じ、以来「浜松磐田常民文化談話会」（一九九一年より現在の「遠州常民文化談話会」に改称）の仲間にさせていただいた。

毎年、各地で開催される合同研究会にはなかなか出席できなかったが、毎月の例会には出来るだけ参加し、その中で、「自然」と向き合い、溶け合いながら生きているということや、毎日の暮らしそのものの中にいくらでも課題のあること、「生活者」を大切に考え、掘り下げる柳田学のことなどを知った。そしてすぐに、『柳田國男全集』（ちくま文庫、全三十二巻）をそろえたが、もっと早くこの学習会に出会っていたら、という思いが募った。

さて、表題の「先生との思い出の会話」のことですが、この研究会の中でも、先輩生活者は常民の歴史について学んでいるし、地域には伝えていきたい事柄もたくさんあって、こんなに真剣に、真面目に取り組んでいるのに、当時、私の所属していた農林水産省農蚕園芸局生活改善課では、農村を対象としながら、毎年の研修会でも、柳田学や常民の歴史とはほとんどかかわりのない研修を行なっていた。もともと農村の生活に関心をもってここに就職していた私は、柳田学や常民の歴史を学びたいと思っていたので、後藤先生に、「なぜ、私たちの研修では先生のような視点を入れてくれないのでしょうか」とお尋ねしたら、「あなた方の仕事は、アメリカさんの言うとおりにしているから、日本の古いことなどには関心がないからだ」といわれた。なるほど、そう言われればそのとおりだ。この農業改良普及事業は、戦後、GHQの指導によって農業経営及び農家生活の改善という視点から開始されたもので、特に生活面では、農村の民主化、女性の重労働からの解放などを目的とした内容で、課題にはいつも快適な暮らし方、働き方に視点をおいて、ムダ、ムリ、ムラのない合理的な生活を目標としていた。

一九七一年、全国一斉の「農山村生活水準調査事業」が始まって、市町村の台帳からランダムに選んだ集落と、個々の家々の生活を細かく調査したことがあった。その結果は、当該の集落に報告されるわけだが、当時私の担当地域であった北遠は、この時の調査結果はすべて規定の水準よりマイナス点、黒印ばかりだった。そこから改善点を見つけ、課題化していく手法ではあるが、この地域に住む人たちは以前に較べたら、道は広くなったし、車も入るし、電話も引いて、とても暮らしやすくなったと思っているのに、とても結果の報告は出来なかった。それである日、国の担当者に「このように東京の物差しで作った調査項目では、結果は地域に返せません。みんな住みよい、よい所と思っているのですから」と思わずいってしまった。

このようなことがあってから、地域のマイナス点を検証するのではなく、その地域に先祖代々伝わる暮らしのよい所を引き出して、それを継承していくためのお手伝いをしようと思うようになった。

水窪町で雑穀レストランをはじめた石本さんは、その時（調査時）のリーダーの一人であった。その後、年中行事を書き出して整理したり、先代から伝わる郷土料理の記録をまとめたりして、古い常民の歴史に関心を深め、昔から食べていた雑穀類を見直し、調理法を工夫して、時代のニーズにあった料理に仕立てて始めたものである。私も、農村生活に関わる様々なことや、常民の暮らしなどについて、高齢者からの聞き取りを大切に集録してみようと思っている。

（今村純子）

何も知らないんだナー。近いから鎌倉へいらっしゃい、素敵な人達がいますヨ

全ては、このお誘いから始まりました。

十五年ほど前のことです。私は長野県大鹿村に伝わっている田舎歌舞伎が観たくて、友人と参りました。春五月三日でした。

歌舞伎公演の前に、後藤先生の講演がありました。確か内容は、この山深い地に二十演目もの歌舞伎が残っていて、村人が脈々と伝えているとの趣旨だったと思います。

偶然ご一緒させていただいた宿〝右馬允〟での夕食の時でした。勉強不足の私は「何故、旧道は山の中腹に多いのですか、もう少し下の方が便利だと思いますが」と先生に伺いました。今思えば後藤先生のもとで柳田学や後藤学を学んだ方の誰もが答えられる初歩的な質問でした。

しばし無言の後、その時のお答えが表記のお誘いでした。素敵な人達に出逢いたいと

の思いと、私の勉強心を惹起させる言葉でした。それでいて、やさしく包み込む雰囲気だったことが想起されます。

集まり来る人達への配慮が暖かく、強く、しかも刺激的で言葉の宝石箱でした。

（江口章子）

伝承しなければ……

私は仕事柄、薬局で病の相談をうけて居りますが、ともすると現代的医療に圧されてしまいます。しかし、長年に渡り伝えられて来た漢方や民間療法の中に、先人の知恵があり、今でも大切に伝えなければならないものが沢山あるのです。

若い母親達に理解してもらうのは至難の業なのですが、飽くなく伝え続けることが重要と感じています。後藤先生はそれぞれの仕事の中に役目があると教えて下さいました。〝軸ぶれ〟しない様に生きてみたいとの強い信念を与えて下さった、大切な言葉です。

（江口章子）

「○○小学校に小田あり」と言われるようになれ

大学を卒業しすぐに小学校の教員になったわたしに、後藤さんは口癖のように何度もこの言葉を語ってくれました。わたしはこの言葉に応えるように、後藤さんが紹介してくれた庄司和晃先生の門をたたき、そこで知り合った同志たちと全面教育学研究会を立ち上げ、現在も続いています。後藤さんの言う「生活者の学び」のわたしなりの解釈がこの言葉です。後藤さん自身も常に自分に突きつけていたのでしょう。「ここに後藤あり」と。

（小田富英）

お祝いの言葉

女房ほどこの世の中で正直なものはないということに気づき、また怖く思うときがあるということです。かつて中江兆民が、この世の中で、一番こわいものは、女房の正直さであると、半ば嘆息げに述べていたことがあったのですが、まったくそのことをわたしも実感しつつ、あるときは参ってしまうときもあるのですが、小田君も、いずれそのことに気づかされるときがあるでしょう。だが、この女房の正直さから逃げずに、真直ぐに向き合って生きることは、人間としての男として、大切なことだと、わたしは思っています。もちろん、このことは、決して女々しくとか、いわゆるマイホーム主義とか、男女平等の論理とかに生きる

ということではなく、女が男よりも、よりすぐれて本来的にもっている、人間の原始感情からたちのぼる精神の自然性に、真直ぐに向き合うことは、ともすると男の世界にたちあらわれる、作為の精神や感情の歪みを正してくれるように思うからです。

妹さんの結婚式と重なってしまったので、私の結婚式に出ていただけませんでした。しかし、二百字詰め原稿用紙二十三枚の「お祝いの言葉」をいただき、乾杯の前に司会をした友人が読み上げてくれました。全文が後藤語録そのもので、わたしの宝です。後藤さんが亡くなってから結婚された長女の承子さんにもお父さんからのメッセージとして読んでいただきました。

（小田富英）

ざまあみろ

常民大学の第一号、遠山常民大学が発足した時の話です。後藤さんの厳格な父忠人氏が、常民大学の後藤さんの講義を一番前で聴いている写真を見たわたしは、「親孝行ですね」と失礼な言葉を口にしてしまいました。

その時、わたしの胸を横から手の甲でたたきながら、いたずらっぽい顔をしてこう言ったのです。「ざまあみろだよな」と。

後藤さんの学生時代、デモの先頭に立つ後藤さんの写真を新聞で見てしまった忠人氏は激怒して勘当同然だったとも聞いていたのを知ってはいたのですが、後藤さんらしい切り返しで、いたく感動したのを覚えています。その後も、何度もこの言葉を後藤さんの口から出てくる場面に居合わせました。今思えばそれは、すべて後藤さんの人生の節目だった気がします。かわいらしく、いたずらっ子のようにつぶやいたこの言葉は、後藤さんの思想の根幹の言葉だと思います。

（小田富英）

後藤総一郎先生の思い出

勤務地が南信の下伊那に戻ってきたのが一九八三（昭和五十八）年でした。出身地でありながら、何一つ地域の歴史・文化・芸能など様々な分野の内容を知らないため、早速「民俗の会」に入り地域の探訪を始めたとき、幸いにも恩師大澤和夫先生と巡り会う奇遇を得ることができました。

その年の十二月十日、大澤先生に誘われるまま何の前知識もないまま「遠山常民大学」に参加したときのことです。開会の言葉を幾人かされた後、後藤総一郎先生も挨拶され、この時が後藤総一郎先生を拝見した最初でした。

その時は蕎麦について、蕎麦粉が何割・小麦粉が何割・三割蕎麦などと蕎麦の詳しい話をされたかと思います。しかし、挨拶の中での話題であったので、詳しい確かな記憶は残念ながら残っていないのです。

その日の主たる講演が、国立文化財研究所の三隅治雄先生の「霜月祭りの芸能史的意義」について重点を置いていて、集中してメモをしていたことの方が強く思い起こされます。

後藤総一郎先生をなんといっても強く印象づけたのは、二年後の一九八五(昭和六十)年の一月の「柳田国男と飯田――伝承文化の今日的意義」の講演を聴いたことが深く心に残っていることです。柳田国男について詳しく知らない私にとって、柳田国男が漢方医で学問好きの家系に生まれたこと、長兄の鼎の悲しく哀れな話、「私の家は日本一小さい家だった」と胸中を吐露したという言葉、明治十八年の近世最後の飢饉を始め、狭い自分の家での様々な貧しさを体験し、農商務省農政課に勤務するまでの話。また、柳田国男が明治三十四年入籍するに至った直接の原因―即ち、飯田藩士であった柳田為美が放蕩藩政を省みるように諫めて諫死し、その結果、藩主は反省し柳田家の存続を許し、褒め讃えた墓誌があるというその話を聞いて養子になる決心をしたという話等々。

柳田国男研究に係わる人にとっては、よく知られた話で別にここに記述するまでもないことかもしれないが、自分にとっては実に新鮮で感動したことを強く思い出されるのです。

その他、常民について封建時代に八十四パーセントを占めた農民であること、稲が穫れるようにという伝統文化者であり、生産者であった。「常民は伝承による記録（言い伝え）をしてきた原型があり、変化して現在に至っている。現在残溜しているものである」「人々が生きていくために農耕儀礼としての文化を創り上げた」などの話をされた。

それに伴い、郷土の民俗の養成を考える上で参考となる本を紹介していただいたのが岩崎清美「下伊那の伝説」、牧内武司「山の祭り」・「伊那の民謡集」、向山雅重「山村小記」などであった。

さらに、再び柳田国男について、郷土の民俗に照明を与え、紹介をし、指導したのが新野の盆踊りであったという。その著『信州随筆』の「新野の盆踊り」を紹介して、柳田国男が、これとこれは古い形のものであり、あとは新しいから捨てなさいと指導をしたということである。

この新野の盆踊りについて、後藤総一郎先生は、「最終日の最終段階の新仏を送る心情を取り上げ、『魂はまだ留まっていてくれ、来年もまた来てくれ』と訴える姿に、本当に人間としての品性・感慨を持っているのかと問われる伝承がある。しかし、みずみずしい少年の時のような感性が現代科学により失われてしまっている。本性の人間性を失うことがある、ありはしないか」と話されたことが強く印象に残っています。

この講演を通じて、柳田国男という民俗学者としての素顔について初めて興味関心を抱き、なにがしかの知識を持つ契機となったことは確かです。

また、民俗における常民というものの果たした役割と今日的意義が極めて平明に素直に理解を深めることができたのです。

このことは、今にして思えば現在の柳田国男研究会に参加する遠因が、そのときの私の心のどこかなにほどか肯綮《こうけい》に中《あた》るものがあったのであろうと感謝の念がわいてきます。

しかし、それを機会にすぐに紹介された本を読み始めたり、関連の分野の調べをすることがないままに無為に年を重ねるばかりで、漸く少しずつ自分なりの興味のある分野の探訪を始めたのは、柳田国男記念伊那民俗学研究所に所属して、後藤総一郎先生のご指導を仰ぐようになってからの、遅ればせながらの出発を待たなければならなかったのです。

（折山邦彦）

これを使わない手はないよ

後藤先生は橋のような人だった。その橋を渡り、ぼくは何人もの魅力的な人に出会い、また目の覚めるような風景を見ることができた。しかし先生が橋となり、その橋の向こう側にある世界を深く呼吸するようにうながしてくれたことを、どれだけ現実のものとしたかは、はなはだ心もとない。生来のアマノジャクの気質と勇気のなさが、その導きを高価なものに止めてしまったのかもしれない。

先生の数多くの忠告をあきれるほどたくさん受け流してしまったという思いが強いが、

その僅かな例外が、つぶやくように発せられたこの言葉の残響の深さであった。柳田国男の百十数通の手紙が『田山花袋宛柳田国男書簡集』(館林市発行)として刊行されたのは一九九二年のことであったが、刊行後間もなく、その本を手に、先生はぼくにそう言った。

声高ではなく、つぶやくように言われたのが、ぼくには効果的だった。その声は耳底に残り、こちらの怠け心を長く刺激しつづけた。

「田山花袋記念文学館」(館林市)の紀要に六十枚ほどの論考（「笑う花袋・怒る柳田——近代日本のある親和的相克劇」）を寄せたのは、それから十年近くも後のことだが、後藤先生の小さなつぶやきが大きな推進力となって、ペンを走らせることができたのである。積年の課題を不充分ながらクリアーし、肩の荷が下りる思いで先生にお送りした。しかし残念ながら先生の感想をうかがうことはできなかった。多分、書くのが遅すぎたのだと思う。それに、その頃先生がぼくに望んでいたことは、もっと基本的な事であり、それを回避しての論考にはさほど感興が持てなかったのかもしれない。かなり努力して書いた文章であっただけに、少し淋しい思いがした。

ところで、先生との出会いを回想して、今気付かされるのは、その当初より「花袋と柳田」という問題構制に巻き込まれていたということである。まだお会いするずっと前、初めて先生の文章に接したのは『現代の眼』という雑誌に掲載された「柳田国男の少年体験」(七一・二)であったと思う。そして次の「柳田国男のロマン体験」(七一・三)の載った号も求めたのだが、この文章の次の箇所で目が釘付けになってしまった。

「僕は文学が目的ではない。僕の詩はディレッタンチズムだった。もう僕は覚めた。恋歌を作ったって何になる！　その暇があるなら農政学を一頁でも読む方が好い」

花袋の『妻』から引用した西（柳田がモデル）の発言で、傍点は先生がつけたものである。詩を書く人間ではなかったが、それが小説であることも、引用であることも忘れて「ガーン」と痛棒をくらったように響いて来た。大学の殺風景な食堂で、それを目にした時のことが、今も鮮やかに思い出されて来る。

「ディレッタンチズム」という言葉は、ぼくが大学生の頃も批判的言辞として生きていて、文学部の学生であったぼくにも痛烈に響いて来たのである。「柳田国男のロマン体験」という論は、この引用に表現された若き日の柳田、のちの自然主義文学への激烈な批判者としての柳田を深い共感で描き出し、強く印象づけるものであった。

花袋作品を強く批判する柳田を描き出すために花袋作品に依存するという背理を含め、後藤先生の文章に初めて接したときより、知らず「花袋と柳田」という問題構制に出会っていたわけである。それから二十年、『田山花袋宛柳田国男書簡集』が出現し、二人の関係を考える上での貴重なテキストが加わったことになる。

「これを使わない手はないよ」。先生の小さなつぶやきは、「花袋と柳田」という問題構制が近代日本の文学史のドラマにとどまらず、「日本近代の悲劇」（吉本隆明）という文明史的問題につながる普遍的な問いであるという認識へと、ぼくを連れ出すことになったのである。

けれども、また先生の声が聴こえて来る。「そんなこと言って、悦に入っていては駄目だよ」。どうやら、受け流せない先生の言葉が、まだ痛くあるようだ。

（川島健二）

身銭を切ってまでもやらなければならない

すぐ思い出されるのは、「身銭を切って～」という言葉です。後藤先生の人生に裏付けられたオーラにつながる何かを伴った、この魔法の言葉に接してからは、いくら貧しくても、生活を切りつめてもお金を出すところには、出さなければならない事を学びました。そのくらいの覚悟を伴わないと、得られて当然なことも得られない意味だと理解しております。入院先を見舞わせていただいた時もそんな言葉や、ここではちょっと憚りたい伊能嘉矩研究の激励を受けたことは、終生忘れられない思い出です。

（菊池健）

いつまでもお客さんじゃだめだ

鎌倉を気ままに歩いていた際、鎌倉図書館で偶然、柳田学舎の案内を見かけ、勉強会に参加させて頂くようになった。

学生時代に興味を抱いていた柳田民俗学と、都市として魅力を感じていた鎌倉が結びつき、鎌倉に通いながら勉強が出来れば、というのが発端だった。

振り返ると、それは観光気分という性質のものだったかも知れない。

ある一定期間経過した時、後藤先生から掛けられたのが、「いつまでもお客さんじゃだめだ」という言葉だった。

顔を出しているだけ、話を聞いている風なだけ、勉強している気分を味わっているだけ……その参加意識の薄弱さ、学ぶことを血肉化していくしんどさに対する覚悟のなさを、ずばり、指摘されたのだと思う。

それから数年が経過し、自分はどうなったか。

何かと言い訳を繰り返し、ますます「お客さん」化が進んでいる。

身勝手さは承知しながら、いつか「もうお客さんじゃないな」と声を掛けられることを望んでいたのだが、どんなに頑張ってみても、直接には、それは叶わなくなった。永遠の宿題になってしまった。

その記憶は、自分が日々の中で陥りそうな漫然さを戒めてくれる。

（木庭久慶）

自分を追い込まなければだめですよ

私が鎌倉柳田国男研究会（現鎌倉柳田学舎）に参加して、何年か経った頃のことだと記憶している。ある年ある日の勉強会の後の直会の二次会か三次会の最後、先生と二人きりになり、鎌倉駅前で先生はご自宅へのタクシーへ、私は横須賀線の改札口へと別れる間際、先生に言われた言葉である。

柳田学ないしは、後藤学への腰の定まっていない私を見抜かれてのことだと思ったが、その時、ハツと思い出したのは、学生時代によく考えたこと。まだ経験も少なく、ひとつひとつのステップを上がり、前に進もうとするとき、人に話すことにより、書くことにより、また行動することにより、自分を追い込み、自分を引き上げる努力をしていた。

この当時、すでに五十歳近かった私は、そういうことはすでに忘れていたし、自分に何かが足りないと思いながらも、自分で、自分を、積極的に変えていこうという気持ちは希薄であったと思う。しかし、この言葉以来、軸足を柳田国男研究会に置く生活、それは学び、考え、書き、発表し、表現し、行動することであるが、そういう生活へと自分を追い込みだしたような気がするのである。

そして、今は一点の曇りも無く、残りの人生への目標が定められている。このように言うことも、また自分を追い込んでいるということなのだが。

後藤先生には、このように自分の生き方、人生の身の処し方の基本も教えていただいた。

（久保田宏）

弟子というものは、師の書いたものを徹底的に讀み抜くものだ

於波良岐常民學舍の講義が済み、「第二の講義」（「後藤ゼミは、ここ（講義室）で二時間、飲み屋で二時間が勉強ということになっているので、コンパにも大いに参加して欲しい」於波良岐常民學舍の開講の講義で）が終わり、翌日は新潟の妻有学舎に行くために、「高崎に泊まるので、送って欲しい」という先生を、拙宅にお泊りいただいたときの言葉です。

白井の陋屋に着いたときは、もう深夜になってしまって、コタツでビールを傾けつつ「弟子というものは、師の書いたものを徹底的に讀み抜くものだ」とおっしゃられたことを、よく覺えてゐます。

かつて北山茂夫先生の最後の賀状に「いま、何をお讀みですか」と質されたのとおなじように、わたくしの十字架となるお言葉と思ってゐます。

當日の「日録」によると、「テーマを決めて勉強するやうに。『柳田の自然観』は如何。『野草雜記』『野鳥雜記』は」と記されてゐます。翌日は、越後湯澤にお送りし、わたくしは三國峠を越えて、ブナの實を探しながら歸って参りました。

この日は、妻有学舎の最初の日、翌十四日は『柳田國男を読む』の初校が来たと記され、あわただしいけれども充實した日々を送っておられた後藤先生の姿が眼に浮かんできます。

もう十有五年も前のことになるのです。

（斎藤遙山）

守随さんの家でしょう

「後藤」門の門外生に「心に残る先生の言葉」など、恐れ多くて、しかし、いよいよ不可能さを感じ、あれ程お世話になった後藤〝先生〟に申し訳ない、私の様な連枝の端に繋がるものにさえ何時も気にかけて下さった。そうだったな、初めてで仲間に入れない者、少々外れたすねた者、何時も後藤さんの神髄はこうした人を巧みに懐にいれていくその人間性にあったなと思い至ると、全てが懐かしく思われます。

初めて於波良岐常民学舎に参加した時、「後藤さんの話、見方に問題があるな」と石原さんに言うと「そういう批判も含めて参加して」と言われた事を聴いておられたかどうか。先生は恒例の直会をいきなり「守随さんの家でしょう」と言われます。なんの用意もないテラスであり合わせの肉を焼いた事は今も忘れません。後藤さんはいわば人の心をいきなり鷲づかみにする天性の持ち主だったのでしょう。

唐突ですが『父と暮らせば』の試写をみた青年が、「アジアの視点がないから協力できない」と言うのです。私は「原爆被害者の何万もの方のアンケートを元にしているのだからその気持ちを先ず受け止めることだよ」と言ったのですが、一面の真理と思いました。先生に接する度に発見させて頂くのは私自身の気が付かなかった思想的な転換ともいえる視点でした。先日の民放「東京大空襲」は良心的な番組でした。しかし日本が真珠湾攻撃と同時に行った重慶空爆は触れられていません。先生だったらどんな視点で提起されたのか……。

最後に先日、ベナレスや六鹿苑、ハリドワールなどヒンヅー、バラモン、仏教の遺跡をまわりました。仏教の源がバラモン、バラモンはヒンヅー、インド・アーリア民族とすれば我々の意識の源はいったい何か？　民族と民俗学、日本人とは何か？　その思想のDNA、潜在意識の根源……。先生から学ぶ事柄がやっと見えてきた今日、先達を失った事の痛恨を今想います。もっと真面目に後藤先生の存在の大きさを意識し、謙虚に教えを請うべきであった。最後に、先生が発病される少し前、関係している保育園が新しい園舎を建てているとお話しした時、完成を楽しみにされ、「出来たら知らせてくれよ、北島さんの絵を頼んでお祝いに持っていくよ」と言って下さった事がそのままになったのが残念です。

（守随吾朗）

文章へただなあ

『柳田國男全集1』の月報に柳田国男の女性観について、書くようにと先生からいわれた時のことでした。先生は、すでに常民大学の面々の書かれた月報の文章をしめされたのです。やっとの思いで書いた原稿をお見せすると「本たくさん読んでいるのに、文章へただなあ」とのお言葉。さらに「森崎和江の月報読んだの。柳田に学恩を感じている、と書いている。そういう風には書けないのかなあ」と。わたくしは困ってしまいました。

そして先生は原稿用紙に、こんな書き出しでとさらさらとお書きになりました。もとよりそれは先生の文章で、その後に続ける文章など出てくるわけはありませんでした。幾日も頭には重い漬物石がのっていました。全集の編集部の野上龍彦さんから電話を頂戴し「ご自分の言葉で書いてくだされればいいのです。先生は偉い方ですから、そう申されるのは当然です」といってくださったのですが。

今も文をつづると「あいかわらず、文章へただなあ」と天上から、精進の足りないわたしへ叱咤のお声が届きます。そして、「先生は偉い方」という言葉遣いが心に残っています。

（曾原糸子）

飯がちゃんとたけて、うまい味噌汁が作れなきゃだめだ

後藤先生は、勉強することによって美しい心は養えると教えてくださいました。それは勉強して観念として物知りになるのではなくて、日々の生活の中にそれを生かしていかなければ勉強したことにはならないと。味噌汁を作るのに、味の素や顆粒の出汁じゃだめだね、ちゃんと出汁をとって、味噌も手造りしてとよくいわれました。味噌を作る過程で、あるいは出汁をちゃんとひくとはどういうことか、その中に伝えていくことがたくさんある。

口や論文で伝承なんていったってそれじゃあだめなんで、常民の学とは日常を丁寧に生きることなんで、柳田の学問とはそういうことだといわれました。丁寧に命をはぐくみ、美しい心を養うということから程遠い世の中になってしまいました。（曾原糸子）

日本人にはバイブルがない

この言葉を初めてうかがったとき、驚きました。バイブルと比較する書物が、日本にあるかないかを考えたことはありませんでした。考えると確かにその通りで、キリスト教の精神は背骨として欧米の人々の意識の中にあり、いつもそこにもどって自己認識し

てきているのだと理解しました。

（曾原糸子）

生まれ清まりの文化

これは、「日本人にはバイブルがない」から座標軸がないから、それに代わるものとして「生まれ清まる」ことで過去をきれいに忘れ、生まれ変わっていく。なるほどと感心したものです。政治家の悪行も忘れて、同じ人を何回も登場させていくというのもこのことなのだと納得しました。日本人は正月から始まるおりおりの全ての年中行事の中で、繰り返し繰り返し生まれ変わって生きていく、それが一つの活力にもなっているのだとよく話されました。

（曾原糸子）

チャンの仕事はテロリスト

鎌倉であったかと思う。何かの会合の帰りに飲み屋に入り、盛り上がったところで先生はカラオケのマイクを手にされ、唄い始めた。『子連れ狼』。何回か先生のカラオケは聴かせていただいているが、『子連れ狼』はあとにも先にもこの時だけであった。「シト

シトピッチャン　シトピッチャン　シートオーピッチャン」、滑り出し快調。父、拝一刀の帰りを待ちわびる、いたいけな大五郎の切々とした胸の内を、情感を込めてあのバリトンの美声（？）が唄う。そして最後のフレーズ。「チャンの仕事は刺客ぞな」と来るところを、先生はここぞとばかり「チャーァーンーンの仕事はテロリースゥートオー」と替えて唄われた。

「チャンの仕事はテロリスト」。この替えワザのセンスにグッと来るものがあった。酒席での戯れといえばそれまでである。その通りなのだが、若い頃、政治の季節を潜り抜けてきた人間の独特な感性とでもいうようなものが垣間見られたのである。天下のご政道に叛旗をひるがえし、任俠の世界にある種の共感をもったであろう先生の暴れん坊時代が目に浮かぶようではないか。ロープシンの『蒼ざめた馬』やサヴィンコフの『テロリスト群像』が学生たちに競って読まれる時代であった。時は移り、愚直なまでに常民大学の運動にのめりこみ、東奔西走する日々が続く。そして還暦を過ぎ、先生は大学の理事として公務に追われる時期であった。唄い終わった先生の胸中に去来するものは苦味をともなった悔恨か、それとも……、何であったのだろう。晩年、講義の中で〝無念〟という言葉が、しばしば発せられたことを思い出す。

男、後藤総一郎の面目躍如たる一夜であった。

（高橋昭男）

たこつぼ（蛸壺）に入ってしまってはいけない

蛸壺の語彙　①蛸を捕らえるのに用いる素焼きの壺。浮標（うき）をつけて海に沈め、蛸が中に入った頃、引き上げて捕らえる。②縦に深く掘った一人用の塹壕。（広辞苑）

用法　遠野のような、日本の中央から離れた山里で、小さな天狗になって、独りよがりでいてはいけない。＝井の中の蛙になるな。

感想　小生は、主に遠野郷、遠野盆地内の中学校教師として、いささか責任のある仕事をした。その中で特に遠野という地域の子どもや大人（親と教師を含めて）の思考が、盆地という地勢に閉じこめられているのではないかと考え、広い視野にたつ発想をめざして、若干、発言してきた経験をもっている。

その後、遠野の常民大学で、郷土史研究をすすめている諸先輩の姿を拝見するなかで、やはり同じような、狭い世界に閉じこもっている傾向があることを認めざるを得なかった。個人的な努力や熱意には敬意を表するが、ただ独学の悲しさで、方法論を獲得できないために、独りよがりの世界に埋もれている事例がままあった。

そこで後藤用語の「たこつぼに入るな」が、連発された。

後藤先生によって遠野常民大学が開講されて、車座になって意見を述べ合える場が作られた。また遠野物語研究所という機関で学習が組織的にすすめられることによって、盆地的な閉鎖性を越えて、開かれた発想を持つことができた。斯界の赫々たる研究者にご指導をいただく機会を与えられた。またそれなりに、厳しい批判に耐えうるだけの力量を求められたのは勿論である。

発展　小生のよく知っている先輩の話である。第二次大戦の敗戦直前、満州（現中国東北部）の最前線に戦車兵として配置された。戦車のない戦車兵で、爆薬を持たされてたこつぼに入った。ソ連軍の戦車が近づいたら、そこから飛び出してキャタピラーの下に爆薬を放り込むのが任務であった。……たこつぼに入った。……彼は、それから以後のことは黙して語らない。小生にも聞けない。……捕虜となり、シベリア抑留生活をへて、やっとの思いで生還した。しかし、その彼は今はもう亡い。

たこつぼに入れと命じられ、飛び出して死ねと命令されていた。その満州の荒野の中のたこつぼとは、生死の極限という意味である。後藤先生がたこつぼという言葉を使うと、生ぬるいように見える遠野盆地という封鎖世界も、その中で堕して朽ちるのも、そこから立ち上がるにも生死を賭けるような、人生に対する観照がいるのではないかと思った。

（高柳俊郎）

クロスの論理

後藤先生が主宰された遠野常民大学十年の学びの成果として、一九九七年に『注釈遠野物語』を上梓することが出来た後、次の勉強課題について先生は「柳田國男と転換期の思想」と題して講義された。その中で「民俗史と思想史とのクロス」と項をたてて、「これは、いろんなところで、伝統と近代、あるいは民俗と思想史みたいにクロスさせていくという……。これは言うは易しで、なかなかたいへんなんですね。民俗学プロパーの人たちは思想史が見えない、思想史をやる人たちは民俗をほとんど見ない」と述べられた。この項の後半では常民大学のまちづくりについて「行政のありかた、それから民俗のありかたというものをクロスさせるというのは、まさに近代的手法と伝統的民俗の手法とのクロスだということになるかと思います」と話されている。

こうして一九九八年、遠野常民大学第二ステージの『都市と農村』の勉強がはじまった。ここでは後藤主宰講師の柳田学と地域史をクロスさせて現代農業維持策に資するところを学ぼうというものであったと思う。

時あたかも現代日本米作り農業がウルグアイラウンド等国際的な圧力によって底なしの「減反策」を強いられている時期であり、それは国政が強行する工業技術に偏った経済至上主義の生け贄であると、誰の目にも明らかな時期でもあった。

愚生について敢えて蛇足を申せば、会社定年前に墳墓の地の農地を相続していたが、その管理は最低限のところで始終しており、現代の農協機構（ＪＡ）が破たんもあり得る状況のなかで、今さら昭和初期の「産業組合論」などから何を学べというのかと、実は新しい講座には懐疑を抱くところがあったし、それを想像力の貧困なまま生に発言をするのを先生は苦笑をしておられた。
第一章割り当ての会員から二、三のレポート提出はあったものの、この講座は何かのかるところがないまま一年で自然休止のかたちとなり、先生からは急遽「政治思想史」のレクチャーを何回かやろうと提案されて、方向は一時転換された。しかし今度は世間でいう、所謂ノンポリ志向まん延のせいもあるのか若手受講会員の出席数が次第に減っていった。ついには温厚な先生が「後藤の話がつまらんからこうなのか……」と内輪に声を荒らげる場面もあった。この後、先生は何度か渡韓し、梨花女子大学校などで「戦後日本思想史」の集中講義や二、三の講演をしておられる。
遠野物語研究所では二〇〇一年から研究事業のリストラを行い、『注釈遠野物語拾遺』刊行を目指して、また先生のご指導をいただいていた。しかし今度は突如先生が悪性の病魔に襲われ、みんなの「ご快癒・復活」の願いも空しく二〇〇三年一月ご逝去となり、師弟共々の思いはクロッシングゾーンの手前で失速を余儀なくされてしまった。勿論このままではすまされない。先生のご遺志を戴して、われわれ遠野常民はいままたNPO法人の場で再構築途上にある。

（千葉博）

何を知りたいのかの筋が立たぬ限り、書物は我々の相談相手にはなってくれない。専門的なことを調べた本というものはあって、事実を知るだけならばその本を読んだ方が簡単だが、

会の目的はそうではない

年度のテーマであった「家族・宗教・フェミニズム」に沿い、『妹の力』を読むに当たっての先生の言葉であった。書物、特に柳田の書物は、漫然と読んでいては、まるで読めない。読む側の問いかけ、あるいは対話があって、書物を読むということが始まる。また、それは、会そのもののあり方にも言える。一人で読んでいたのでは、それだけで終わってしまうかも知れぬ歴史への思いのようなものが、会あるいは柳田の本という終わらないものによって、持続せられるということ、柳田の示した問いに、一人一人が、自分の問いを問い、そこに集う人たちで更に対話を深め、問いを深める、これもまた、先生が私たちに示した、方法なのだと思う。

（中野正人）

生きること

先生が退院されてご自宅に戻られていると聞き、ちょうど久里浜への出張があった帰りに、鎌倉で途中下車して、後藤先生のお宅にお見舞に伺った。先生はとてもお元気そうで、ご自分でお茶を入れてくれたりして、長い時間お付き合いくださった。そのときに話されたなかの一言であったが、先生の生き方の本音を聞いたような気がして、いつまでも忘れられない言葉である。

「元気なときも、いろいろな仕事に追いまくられてきつかったが、病院に入れば仕事からは解放されるが、同室の仲間が翌朝になるといなくなっている寂しさは辛いものがあった。人間、どんな状況にあっても楽になることはないよ」というような意味のお話であった。それを聞いて、ずっと全力で走り続けてこられた先生に、「お疲れ様でした」といいたい気持ちと同時に、「楽なことばかりを追い求めていてはだめだぞ、生きていくことは大変なことなんだ」という、不勉強な私への戒めの言葉として話されたのではないかと受け止めた。

平成四年に、先生が沖縄の石垣市で講演されたときの記録を、『常民大学通信』で読ませていただいたが、そのなかで次のように語っていたのが印象に残っている。「特に石垣島の旅館で、与那国の女たちが島の話をしているのを聞いて、柳田国男は次のように書いております。『静かに聞いているといくらでも悲しくなる。生きるということはまったく大事業だ。あらゆるものがこのためには犠牲に供せられる。しかも人には美しく生きようとする願いがある。苦悩せざるを得ないではないか』こういうふうに書いております」。

先生も、いろいろなものを犠牲にされたかもしれないが、苦悩されながらご自身の美意識をあくまでも貫徹する生き方を貫かれたと思う。それは、節操を曲げず初志を貫いた、学生運動を闘った信念が、ずっと先生の意識のなかに流れていたことを示しているように思う。
その翌日には、もう先生の独特のインク字で書かれた礼状が届いていた。十一月九日に書かれたこの葉書は、私の怠惰を戒める大切な護符となっている。（名倉愼一郎）

本を読む時には、横にノートを置いて、メモを取りながら読まなきゃだめだよ

私が静岡の県庁に通っている頃のことだった。毎日、片道たっぷり一時間電車に乗っての通勤であった。電車に乗れば眠ってしまうことが多かったのだが、それでも少しは読書の時間を持つことができた。ただ、電車の中ということで、読み放しになってしまい、後に何も残らない状態で、なかなかレポートなどにまとめることができなかった。それを言い訳として先生に話したところ、「本を読む時には、横にノートを置いて、メモを取りながら読まなきゃだめだよ」と教えられた。

考えてみれば、先生は毎週土日、各地の常民大学を回って指導をしてくださっていたのだから、私が県庁へ行く何倍もの時間を毎週電車の中で過ごしていたのだ。いつも重そうな大きなカバンを背負って来られたが、その中には電車の中で読む本や書類がぎっしり入っていたはずである。きっと、電車の中を書斎代わりにして、本を読み、原稿を書いていたに違いない。研究に充てるべき大切な時間を、私たちのために東奔西走し、そ

の間に寸暇を惜しまれて仕事をされた先生に比べ、なんと自分がお粗末だったことかと恥じ入る他はなかった。それはまた、文献を読むということを学問の基礎として、最も大切に考えられていたことの証だと思う。基本的なことをおろそかにしないよう、肝に銘じていきたいと思う。

後藤総一郎先生は、地方における「柳田学」の方向性を明確に持っていた。後藤先生は、よく私どもに「『郷土史家』になってはいけない」と忠告し、地域の歴史に詳しい研究者の中でも当該の地域史のみを掘り下げている人に対して「科学性がない」と言って切り捨てていた。その舌鋒の鋭さに時には溜飲を下げ、時には不安にもなったものだ。後藤先生に「学問になっていない」と言われることは、私には、柳田国男を読んでいない、全国的なその事象の展開が見えていない、歴史事象についてはその時間における位置づけができていない、ということを意味していたと思われた。

（名倉愼一郎）

今日の講義のノートは今日のうちに整理しておくこと

私は忘れっぽいので日常のことをメモにとり、日記で整理していますが疲れて眠くなるとまた明日やろうとけじめをつけずに休んでしまうことがあります。それでも若い時分は体力、気力で宿題をクリアし、机辺もきちんとしていました。しかし加齢とともに机辺の整理も疎かになり、本や資料の類を積み重ねるようになりました。これではいけない、こざっぱりしようと思うのですが、これが強迫観念となり己を苦しめる羽目となっております。

かつて先生の講義を聴講しきちんとかたづけられた机辺で自分さがしに心躍らせたあの頃が懐かしく、先生の墓前を訪れたこともありました。そして時に先生の著作を再読し、その充実した内容に感銘し、その源は先生自ら、この言葉を実行した賜物との想いを深くしました。先生の「今日のことは今日のうちに」、この教えはとかく自堕落になりがちな私にとつて最も大切な戒めであると思っています。

今日の整理整頓のけじめが明日の成果に繋がることを教えてくださったことを深く感謝しています。

（野木村俊夫）

ＯＫサイン

「触らせていただいて良いですか」とお伺いして、ふくらはぎから極々軽いセラピューティック・タッチを始めさせていただきました。右足から左足、腰、腕へ。それは私にとって至福の時でした。お見舞いにみえた方々への優越感さえ感じていました。奥様は

「娘や私のマッサージを嫌がったのに」と言って下さいました。そしてまた足へタッチングは移ります。そんな時言葉が出ない苦しい息の下で先生が厚ぼったい右手を伸ばしOKサインを出して下さったのです。もう最高でした。マッサージの後、待合室で曾原さん山口さんらと話していると、奥様からお呼び出しがありました。先生の再度のリクエストでした。タッチングこそが私の仕事の基本なのです。それを認めていただけたことは、私の存在を「それでOKなんだよ」と認めて戴いたものだと思っています。その晩に先生は亡くなられました。

後日、三枝子夫人が「後藤は原さんのおかげで病と闘うのをやめたのね」とおっしゃってくださいました。

（原幸夫）

原さんにも、ぜひ一本立ち向かって、テーマの発掘と研究の深化を進めて頂きたいと強く思っています

第十六回常民大学合同研究会（一九九九年九月二十五日・二十六日　於鎌倉）の感想、報告、エッセイを地元紙、南信州新聞に寄稿するようにとのお手紙の中で、後藤先生はひとりひとりがテーマを持って、研究を深化するように勧められていた。このような手紙を多くの方が頂いているのではないだろうか。私はこの手紙を表装した。先生の命日

に床の間に掛けて思いを新たにする。　（原幸夫）

無念

此の空虚な響きの中に、内面から噴き溢れる激しい感情の言葉を述べたのは、『南信濃村史　遠山』が発刊されて村民の歴史認識の変化の兆しが感じられ、遠山の夜明けと唱えた、常民大学開講を呼びかけた手紙の文中です。村史編纂以前の山村での貧しい共同体としての生活の保身として、事大主義を余儀なくされていた中で、自己としての無知を無念として自覚させる事で、この無念の言葉は、呪縛を解き放ち、行動、実践へのバネとしてゼロから新しく生まれ出る効果的な意味合いがあったと思う。後藤先生は、柳田国男における数々の無念についても述べていましたが、いずれも国の行く末を思い社会の変化の中で日本人のあるべき姿、変わってはならぬ日本人の心を訴えた本意であったと言えよう。そんな中、急激な変化に対する反動もあり常民大学運動も遠山では理想通りには展開せず、又本人も志半ばで病魔に冒されての早逝となり、この無念の二字は後藤先生にとっては二重三重の無念として覆い被さった事であったと思う。（針間道夫）

百年の先（未来）に矢を射ようとするならば、百年の過去に弓を引いて歴史を学ばなければ駄目だ

百年の大計を建てようとするならば、百年以上の歴史を遡って過去を学ばなければ正しい指針とはなり得ないと説いた。歴史を検証する中で何が貧しくて、何が豊かであったのか、失われたのは何か、その代償は、等々を認識して、歴史の何処でどの様な事が誤ったのか良かったのか、指針がずれたのかを検証しながら構想する必要があると。現代における社会問題、荒廃した現象はどこの時点のあやまちで修正は可能だろうか。後藤先生の言葉の重みと予見性を感じる。

（針間道夫）

皆さん、勉強しましょう。誰のためでもない、自分自身のために。人間として最高の営みである学問を通して、己を鍛え、己を磨き、己を深め、そして己を知り、反省し、普遍的な人類の一人として、生きて死ぬために

遠山常民大学を開講するに当たり、村民に呼びかけた手紙の一節です。人々の胸をときめかせ、想いを熱くさせる文章に、多くの人々がいままでの平々凡々の日常から、月に一度ではあったけれども、常民大学に足を運び、自己認識とか、普遍性とかの言葉と共に精神的な面にも知識を付けさせ、人を動かした文章です。此の文章の冒頭には、「遠山のみなさん」とあるわけですが、此の固有名詞の部分を、それぞれの地域の皆さんと訴えかけることで、各地の普遍的な人たちの常民大学に飛び火をしていったと思われます。そして学問を繰り返し、果実を実らせて、又、生きた証として、各々生涯に一冊二冊の本を書いて遺して死のうではないか、と結ぶのでした。

（針間道夫）

昨年は辛い辛い一年であったこととご推察申しあげます

お慰めする言葉もないので、ただジッと前沢さんが少しずつお元気になられるのをお待ちするしかなかったのです。

それでも、先日お会いした折には、表情だけでもお元気になられたご様子をおうかがいし、一寸ホッとした気持でした。

これからまだ「生」への長い道程です。ゆっくりと心を整えられて、ご主人のお志の分も含めて、少しずつ前へ駒を進められて、〝この世に奈緒子あり〟の歴史を刻まれていかれんことをお祈りしています。

そのささやかな手助けの同志の役割を、少しでもしてあげることができればと念じています。

一九八七年一月、前年九月に夫を亡くして、研究会を長期欠席していたときにいただいたお手紙です。心のこもった温情あふれる文面を何度も読み返しては涙し、励まされました。後藤先生と飯田歴史大学の仲間に助けられて、気持ちを切り替えて学びの場にもどったのですが、そのきっかけとなったのは、このお手紙でした。一九八八年九月、鎌倉市で開かれた第六回常民大学合同研究会に久しぶりに参加した私を、「よく来ましたね」と迎えてくださった先生のお言葉には、「もう大丈夫だね」というお気持ちが込められていたように思います。

（前澤奈緒子）

怒ったら、それですべてが事壊しだ。野の学は性急に結果を求めてはいけないんです。じっくりと醸成のときを待つ。これが鉄則ですよ

長年ご指導をいただいているが、一度も先生の怒る場面を見たことがない。研究成果のない私たちに腹立たしい思いをされているであろうに、なぜそんなに寛容なのかと、不思議に思って質問したときの先生の言葉です。これは終始貫かれた先生の教育哲学だったと思います。

（前澤奈緒子）

内容はよいが、この題ではだめだ。文章の表題は、まず人の心をつかんで読んでみようと思わせるものでなければいけない。柳田は表題の名人だった。実にうまいと思う。このレポートも、たとえば「死者からのメッセージ――長松寺過去帳から」としたら、ずっといきいきするでしょう

二〇〇二年三月「伊那民俗」四十八号に載せた拙文「長松寺過去帳　雑考」についての批評です。思えば後藤先生も風格のある表題をつける方でした。大学でのお仕事が多忙をきわめておられた時期にもかかわらず、いつも一人ひとりが書いたものを丁寧に読んで指導してくださいました。これが私にとって最後にいただいた批評です。

（前澤奈緒子）

思う存分話させてあげてくれ。こうやって話をしたくて皆集まってくるのだから

一九八八年鎌倉で開催された第六回合同研究会懇親会の司会を務めることとなった私は、鎌倉柳田国男研究会に参加してまだ四年目ぐらい。なかなか合同研究会のありようがつかみきれず、ひたすら時間的な進行にのみ気をとられていた。

例の通り、ひとりひとりの感想発表になったが、少しずつ話が伸びて制限時間を越えている。会場の関係もあり、やきもきした挙句、はしょって次へと進めようとする私を制止して先生がおっしゃった。学び集う人々への後藤先生の人間の大きさと温かさを感じて、マニュアル的な自分を恥じたものであった。

（松村慶子）

来年から、直会にだけ顔を出すような人は辞めてもらいたい

十年目に入ろうとする一九九四年頃の忘年会。日頃勉強会にあまり顔を見せることのない方々も参加され、事務局としては大変うれしく、にぎやかに楽しんでいたとき、突然の先生の言葉に顔が引きつった。「勉強ごっこのお楽しみ会じゃない」と続けられ、これからの十年は本当に勉強する者だけでやりたいと、浮かれている私たちを戒められた。常から共学の大切さを話され、その精神を乱すものには大変厳しかった。結果、鎌倉は人数は減ったものの、その時残った人は全員学びを続けている。

（松村慶子）

一人だけ落伍したなあ。恥をかかなければステップを進めることはできないよ

一九九五年、鎌倉老人教養センターにおける連続講義「柳田国男の世界」全十回を、先生ほか会員三名が担当した。いわば仲間内である合同研究会以外での発表経験のない私は、どうしてもその講義を担当することができない。自信がないのは当たり前のことだが、それ以上に、もし質問などされて答えられなかったらどうしようとか、研究者がたくさんおられるに違いないとか、とにかく甘えの許されない状況に身を置くことが耐えられなかった。

「恥をかいて身をさらせ、己をさらけ出せ」と、未熟な私の態度を見透かされ指摘されたのであった。

（松村慶子）

学問は苦しみの連続だ。しかしその渦中にあるときが学問の醍醐味なのだ。自分の考えが熟成していく過程が大切なのだ

私がある原稿を抱えていてなかなか先へ進めず苦労しており、そのことを先生にこぼしたことがあった。このときに交わした会話は忘れられない。この言葉は私の中で今も生きている。訥々と、ぼそぼそ語られる先生のあの重い語り口は、先生の抱えられた学問が決して軽いものではなかったことを示しているように思う。たえず先生はその重荷を背負われ、心にのしかかる大きな課題を抱えながら歩まれたのだと思う。

（三浦邦雄）

本物になれ

先生は、一九八五年から八七年まで三年間続けられた長野生活者大学へ、飯田歴史大学の講義を終えてから行かれた。わたしは、松本に住んでいるので、飯田から松本まで先生を車にお乗せしていく機会にめぐまれ、いつだったか松本の昔から歴史のある鯛萬で、本物のビフテキをご馳走していただいた。はじめて味わう美味しさであった。講義で「本物の生き方をしないといけない、それには本物を食べないと本物の生き方はできない」とおっしゃっていたことを、体験させてくれたのである。同時に、車にお乗せしたことへの温かい気づかいだった。それ以来、本物の生き方をすることが目標となった。

（宮坂昌利）

家は南向きに建てなさい

この年、先生は韓国・梨花女子大学に招かれ、大学院の現代政治学専攻の学生を相手に現代日本思想史の集中講義をされた。わたしは当時大学院の博士後期課程に入ったばかりだった。先生の在外研究期間の終了直前に韓国へ行き、先生の滞在していたゲストハウスに伺った。何かの拍子に、話題がわたしの研究テーマのことになった。掲げた言葉はその折りに出たものである。テーマの落ち着かぬわたしに、先生が一種の譬え話で諭してくださったのだった。

最初きょとんとしていた私に、先生は次のように説明をしてくださった。

研究テーマは現代的な問題関心を意識して決めなさい。そうすることで、研究と現実の間に緊張関係が生まれる。そうした問題意識から書かれた論文は、必ず何かしらのうねりを生んで行くんだよ。

「家」＝研究テーマ、「南向き」＝現代的な問題関心、ということだろうか。

北向きに家を建てるような、ディレッタントな研究を退け、思想における生産性をなによりも重くみる。その大事さを先生にいつも教わっていた。

（村松玄太）

僕はひとりでも来るよ

月に一回、夕方、重い鞄を下げて講義にこられましたが、講義を受ける方も、仕事のあとに集まるわけですから、お休みになる方が多いこともありました。問題の山積みしているこの世の中で、常民への優しいまなざし、学問の大切さを私達に伝えるべく、営々と努力された。志の高さが胸を打ちます。

（横川令子）

四　常民大学通信　巻頭言

北は岩手県遠野から南は静岡県磐田までに及ぶ各地の常民大学は、主宰講師を共通にしながらそれぞれに独立した存在であった。これを主宰講師後藤総一郎を要としてさながら扇面のように結び付けたのが、常民大学合同研究会と『常民大学通信』であった。常民大学合同研究会は一九八二年から行なわれているが、『常民大学通信』は遅れて一九九二年に創刊され、二〇〇二年十二月の臨時号№3まで、十九回発行された。後藤総一郎はその巻頭言で欠くことなく自らと各地の常民大学の状況を知らせ、一人ひとりに語りかけ、それを病の床からも続けた。

それは、三百を越える人々のきずなとなり、要を失った今も各地の常民大学の交流が続き、常民大学合同研究会が継続される礎となっている。

近況報告――一九九二年度の展望

『常民大学通信』創刊号　一九九二年春

四月から、また新たなるそれぞれの学びが始まります。

今年の一月十八日（土）に行なわれた、「飯田歴史大学」第一期十年の修講式の途次、鎌倉から参加した「鎌倉柳田国男研究会」および「鎌倉市民学舎」の代表のみなさんによる、各常民大学のニュースや関係記事などを一同に集めたいわゆる「常民大学通信」のような情報誌を出すことができるといいね、という淡くしかし熱っぽい車中談が、とんとん拍子に発展して、ともあれ創刊号をお届けしようということになりました。

当分は、鎌倉の柳田研究会の松尾さんが編集長となって続けますが、そのうち当番がまわっていくことになるかも知れません。皆さんの知恵を貸してください。

昨年一年間『谷戸通信』にかき続けたわたしの「生活誌」を今年もという希望がありましたが、二月、三月は、入試と大学の役職者（学長、総長、理事長、理事、三部長、学部長）の総入れ替えの選挙があり、その全学選対委員長を努めさせられたこともあって、日誌に期すべき内容もなく、ただ慌ただしく過ぎていった、会合と電話の応対の明け暮れでしたので、それにかえて、近況報告と今年度予想されるいくつかの展開について記しておくことといたします。

① 四月から、岡野加穂留政経学部長が学長に就任しましたので、そのいわば官房長官役と

しての学長室専門委員長を務めることになりました。さまざまな大学の制度や教育研究の改革案を提出していかねばなりませんので、また少々忙しくなりそうです。

② 明治大学公開大学の第二年度にあたる今年、「柳田国男の世界」という講座が、毎月一回(五月から毎月第四土曜日午後)開講されることになり、その責任講師を務めます。

③ 七月から八月にかけて、ドイツのテュービンゲン大学に、集中講義に出かけます。今年は、柳田国男の主要著作を十冊ほどとりあげて、そのエッセンスを紹介することを通して、彼らの修士論文の研究テーマへの誘いにしたいと思っています。

④ 五月二十九日・三十日に、「第六回柳田国男ゆかりサミット」が「椰子の実」の発見の里・愛知県渥美町の伊良湖岬で開かれます。テーマは「黒潮のフォークロア」。わたしと谷川健一さんと岡谷公二さんが講演をします。

⑤ 六月末(未定)に、谷川健一さんが、芸術選奨および南方熊楠賞を受賞されましたので、それを記念した若い世代による「記念シンポジュウム」を宮田登さんらと計画中です。

⑥ 七月から八月にかけて、遠野で「世界民話博」が開かれます。七月四日のシンポジュウム「鬼のフォークロア」の司会を務めることになっています。遠野常民大学も参加し、民話劇「遠野物語」(七月十一・十二日)と柳田没後三十周年記念講演(八月二十二日)を行ないます。

⑦ 九月には飯田市の「柳田国男館」で没後三十年を記念して「柳田国男と信州」の展示が開かれます。

⑧　九月十九・二十日には、第十回記念十常民大学合同研究会が、飯田市で開かれます。研究テーマは、「二十一世紀と柳田国男」です。

⑨　十一月十四日には姫路市近代文学館と神戸新聞社主催による柳田没後三十年記念講演が行われます。

⑩　常民大学の展開については、二年ほど休会していた「柳田国男研究会」が、四月の第四土曜日から再会されます。また、オブザーバー格だった、立川の「柳田国男を読む会」が、正式に常民大学としてスタートします。ふじみの、『鶴瀬団地物語』の出版がいよいよ今年は果たされそうです。遠山常民大学の「霜月祭研究」もぼつぼつまとめに入ってもらいたいものです。遠野常民大学の『口語訳・遠野物語』（河出書房新社）と『柳田国男の遠野紀行』（熊谷印刷）も六月末には出版されます。また、鈴木重三さんの『遠野物語の源流』（未定）も目下推敲中です。いずれも頼もしいかぎりです。遠州常民文化談話会の紀要もぼつぼつ発刊されると思います。「飯田歴史大学」も名称を改めて、柳田記念研究所の研究会として新発足します。

柳田国男没後三十年の今年は、全国で、そしてわたしたちの学びのなかで、大きな渦としての「柳田学」のうねりが高鳴っていきそうです。その主体的な学びの主人公として、各常民大学の一人一人が自覚的な学びの一年にしていかねばならないことをひしひしと知らされる思いがいたします。

また、今年も、闘わねばなるまい。（四月五日記）

一九九三年の展望

第五号　一九九三年春

■常民大学の展望

二十一年目を迎える「柳田国男研究会」をはじめ、二年目の「立川柳田国男を読む会」など、それぞれの勉強が今年もスタートした。

『柳田国男伝』を終えて一区切りした「柳田国男研究会」は、一年、一年、個人研究の成熟したリポートがつづき、今年もその延長線での深化が楽しみである。

「遠山常民大学」の「霜月祭」の実証研究も、この春、ほぼ原稿を脱稿し、そのまとめと出版が、今年の大きなそして区切りの仕事とされている。

「ふじみ柳田国男を読む会」の、数年越しの仕事、『鶴瀬団地物語』の出版も、いよいよ三度目の見直しをして、この夏には上梓される。

「遠野常民大学」の四年にわたる「註釈遠野物語」の研究も、今年はまとめに入る。

「遠州常民文化談話会」の紀要『遠州常民文化』の第二号が、野本寛一氏とわたしとの対談を巻頭に据えて、本格的な編集に入る。

「鎌倉柳田国男研究会」は十年を迎え、そのしめくくりの一年に、全員心を傾けることとなる。

「飯田柳田国男研究会」の皆さんに清書してもらった、大月松二『柳田国男先生聴書』の出版。

その他の「常民大学」も、それぞれの成熟や深化に向けて、工夫を凝らした学習活動をスタートさせている。

楽しみな一年となろう。

私的展開

今年の十二月、いわゆる還暦の歳を迎えるということもあって、少しは自覚的に立ち止まって、己れをふりかえる思索と仕事をしておかねばと思っている。

とはいえ、大学の行政職を抱えており、思うようには進展しないと思われるが、さしあたって、次のことだけは、果たしておきたいと目下進行中の仕事を記しておくこととする。

■**著書**

『柳田国男と地域研究』（三一書房）

『伊那民俗研究の地平』（南信州新聞社）

『常民大学の思想』（ＮＨＫブックス）

『対談集／民俗と思想』（未定）

■**論文**

「戦後思想史と大学」（『情況』六月号）

「常民大学運動の可能性」（『国文学』七月号）

「柳田国男と二十一世紀」（『コンステラツィオン』六月号）

書評「野本寛一『稲作民俗文化論』」(『週刊読書人』五月末号)

■**講演**

「二十一世紀と日本民俗文化」(三月二十一日、奥三河芸能祭における基調講演)

「日本民俗文化の特質」(四月十八日、静岡新聞社の「環境と文化との共生」シンポジュウムの基調講演)

「柳田国男と『雪国の春』」(五月八日、宮城県唐桑町における、柳田国男文学碑落成記念講演)

「柳田国男の人と学問」(六月二十六日、柳田が在籍した「郁文館中学」での講演)

「柳田国男と福本和夫」(七月十日、鳥取民俗の会での講演)

「天竜・豊川水系の民俗的特質」(七月十八日、愛知大学での講演)

「ムラの祭りと都の祭り」(九月十六日、明治大学公開大学「都市と文化」講座での講演)

「柳田国男の教育観」(九月十七日、松本市のPTAにおける講演)

「大鹿歌舞伎の精神史」(十月十六日、明治大学公開大学でのフィールドワークでの講演)

「幕末国学の現代的意義」(一九九四年二月五日、長野県松川町での講演)

以上が五月現在予定されている、原稿、著書、講演である。

近況報告　一九九四年夏　第八号　一九九四年秋

「朝日新聞」のインタビュー記事「遠近」（七・十六）にも応えておいたように、この夏休みは、七年ぶりに大学の行政職（学生部長三年、政治学科長二年、学長室専門員長二年）から解放されて、久しぶりに書斎に腰を落ち着けることができて、前々からたまっていた著書二冊（三一書房と南信州新聞社）の原稿整理を終えることができホッとしています。

ひきつづき、新たにはじまった、岩波書店からの『常民大学の思想』と十五年前に信濃毎日新聞社から上梓した『遠山物語――ムラの思想史』を筑摩書房から文庫として出版するための「新稿」の執筆にとりかかっているところです。

そのほか、『フォークロア』の連載と「毎日新聞」日曜版の連載（九五年三月まで）も同時にすすめながら、充実の夏から収穫の秋に向かおうとしています。

その間、遠野常民大学主催による「『遠野物語』ゼミナール」に約一週間出掛け、百五十人をこえる参加者をえて、盛況裡に第一回を終えることができたことを、遠野のみなさんと喜び合いました。

なお、最後に、「朝日文化賞」と「山本有三記念郷土文化賞」の受賞対象としてノミネートされたことをご報告しておきます。

そのほか付け加えておきますと、『柳田國男全集』（筑摩書房）の編集委員に新たに三名が加わり、全員決まりましたのでご紹介しておきます。

伊藤幹治（成城大学教授・民俗学研究所長・文化人類学）
後藤総一郎（明治大学教授・柳田国男記念伊那民俗学研究所長・日本政治思想史）
宮田登（神奈川大学教授・民俗学）
赤坂憲雄（東北芸術工科大学助教授・日本思想史）
佐藤健二（法政大学助教授・社会学）
小田富英（武蔵野市立第三小学校教諭・柳田国男研究会員）
石井正己（東京学芸大学講師・国文学）

一九九五年　学問の秋　　**第十号　一九九五年秋**

それぞれの常民大学が、ひとつひとつ学問の成果を紡ぎ出しつつあります。
於波良岐常民学舎の『家の民俗誌』（七月）
遠野常民大学の第二回『遠野物語』ゼミナール（八月二十三〜二十六日）の成功
『遠野物語』註釈研究の追込み（十月合宿）
遠州常民文化談話会の会誌第二号『遠州常民文化』（子安信仰の特集）の発行（九月）
柳田国男研究会の伝記研究誌『柳田國男研究』（三一書房、十二月刊予定）の入稿（七月）
飯田柳田国男研究会の『天龍村史』民俗篇の依託調査開始（八月）

立川柳田国男を読む会の会誌『なおらい』第三号の発行（九月）確実に確実に、今年の秋の学問の刈り入れを示しつつあるといえましょう。力強いことです。そのほか、今年スタートした「妻有学舎」（十日町市）も、八月には、はじめての諏訪神社のフィールドワークをしました。

明治大学公開大学の「柳田国男を学ぶ会」も自主運営組織を作り、「通信」を発行し、第一三回合同研究会にも、オブザーバーとして多くのメンバーが参加しました。いよいよわたしたちの仲間入りをしてもらってもいいでしょう。その延長線上で、秋から冬へ、じっくりとそれぞれの学びを進めてもらいたいと思っています。

■私の秋の講演等の予定

① 九月二十二日〜十二月一日　全十回　鎌倉老人教養センターでの連続講義「柳田国男の世界」に、わたしと曾原、久保田、松尾さんらが出講

② 十月五日　岩手県花巻北高校で「『遠野物語』の世界」講演

③ 十月六日　遠野市で開かれる「柳田国男ゆかりサミット」の記念講演

④ 十月十二日　鎌倉市民アカデミア二十周年記念講座「柳田国男と現代」

⑤ 十月二十日　静岡県掛川市で行なわれる「日本海〜太平洋　塩の道会議」にパネラーとして出席

⑥ 十一月十八日　飯田市の南信州新聞創立四十周年記念にあわせて上梓される『飯田下伊那新聞雑誌発達史』の出版パーティー

⑦　一九九六年二月十日　長野県高森町の「柿の里大学」で「柳田国男の世界」について講演

一九九六年の学習風景

第十一号　一九九六年秋

■常民大学の学習風景

遠野常民大学によって支えられている、昨年創設された「遠野物語研究所」によって開講された、第三回「『遠野物語』ゼミナール」（八月二十三日〜二十六日）も成功裡に修了。八月に筑摩書房編集者から出版に向けてのアドバイスを受けた遠野常民大学の十年の証としての『遠野物語』註釈研究も、この秋いよいよ大詰を迎えつつある。また十一月十七日には、第一回「遠野学会」も開かれる。

二年目を迎えた妻有学舎の一年にわたる第十四回常民大学合同研究会（九月二十八日・二十九日）開催に向けての準備とその成功の経験を通しての今後の成果が期待される。

今年から「註釈『明治大正史世相篇』」の研究をはじめた於波良岐常民学舎の深化が楽しみである。

立川柳田国男を読む会の「風景論」の研究も佳境に入りつつある。

柳田国男研究会の八年ぶりの成果である、柳田国男伝記研究の補完作業としての『柳田国男・ジュネーブ以後』（三一書房、九月刊）の上梓を喜び、さらにその以後の研究を期待したい。

明治大学柳田国男を学ぶ会は、まだよちよち歩きではあるが、多くのポテンシャリティを秘めたメンバーの、ある確かな指標と結束を得ることが出来ればと念じている。

初秋に箱根で研究合宿をして、共同研究のテーマ「鎌倉の歴史像」（仮題）と個人研究テーマなどについて話し合った鎌倉柳田学舎の来期が楽しみである。

遠州常民文化談話会の、山中共古の『見付次第』（明治四十年代刊）のフィールドを交えた註釈研究作業は、力のこもった研究として期待される。

飯田柳田国男研究会の、三年目を迎えた「伊那谷の年中行事」研究も、ぼつぼつひとまずのまとめに来期は入ることとなろう。それと併行して行なっている『天龍村史』の民俗篇の調査と執筆が来年度の重い課題となろう。

来年、二十年目の区切りを迎える遠山常民大学は、そのしめくくりとして進めてきた「遠山の霜月祭」の報告書をまとめる作業に目下追われているところである。

■私の仕事　九六年春から秋へ

三月末、十日間の日程で韓国の三つの大学に招かれて講演旅行をしてきた。題して「侵略をめぐる対話」紀行となった（別紙参照）。帰国したらドイツのフンボルト大学の日本学研究所から、九八年に一年間客員教授として柳田学を教授して欲しいとの招請状が舞い込んでいた。この秋から調整しながら、決定したいと思っている。

四月から、戸沢学長に要請され、図書館長を引き受けることにした。図書館はもちろん大学の顔であることは承知していたが、六億の予算と百人の職員を抱えての図書館行政のなんと多忙なことかを、半年務めたいま、しみじみと思わされているところである（記事参照）。

ついで五月末、この五年部長を務めているラグビー部の北島忠治監督の病死（九十五歳）にともなう、葬儀等の進行および新監督（寺西コーチ）就任に向けてのOB会との打ち合せに少々汗をかかせられる（記事参照）。その間をぬって、『天龍村史』の監修、とりわけ平岡ダム建設にともなう「満島捕虜収容所」の実態調査とテレビ取材（SBC）に向けての打ち合せに時間を刻む。

そしていまひとつ、『柳田國男全集』（筑摩書房）の来年夏刊行に向けてその、さまざまな著作権、史料収集、書誌研究などに追われての前期であり、さらにこの秋から解題執筆に時間を費やすことが予想される。充実した秋から冬へ、今年から来年へ。だがそれは多忙な日々を抱え刻んでいくことを意味しよう。心して過ごさねばと思うことしきりである。

口先だけでなく、柳田国男や宮沢賢治の学問や思想を己れのなかに肉体化して生きねばなるまい。

■秋の講演予定

九月二十八日　「柳田国男の着物観」第十四回合同研究会・十日町市

十月三十日〜十二月四日　「柳田国男の世界」六回　豊島区民教室　小田、曾原、山口、川島さんも出講

十一月八日　「柳田国男の地域学の理念」第十回柳田国男ゆかりサミット・飯田市

十一月十日　「天龍村史の特質」天竜村ＰＴＡ
十一月十七日　「郷土研究の理念と方法」　第一回遠野学会

二十五年目の学習風景　一九九七年度の展開　第十二号　一九九七年秋

■各常民大学の学習風景

二十五年目を迎えた柳田国男研究会は、二月に一回のペースで研究会を進めており、それらの成果として、伝記研究の第二号『方法としての「郷土」』（岩田書院）の発行（十二月予定）に向けて、最後の編集作業に追われているところである。

二十年目を迎えた遠山常民大学は、この一年、「遠山の霜月祭」の悉皆調査報告書の執筆にあて、目下そのワープロアップ作業中である。

飯田柳田国男研究会の今年の学習テーマは、『東国古道記』のフィールドワークを含んでの注釈研究である。それとは別に、『天龍村史』の民俗篇を担当し、その現地調査にいよいよ追い込まれつつあるところである。

遠州常民文化談話会は、昨年からはじめられた、山中共古の『見付次第』のフィールドワークを含めての注釈研究とあわせて『石神問答』の研究リポートを進めている。

鎌倉柳田学舎は、昨年から手をつけはじめた、柳田国男の「鎌倉断章」と「八幡信仰観」

のまとめを進めながら、一方『日本の祭』の注釈研究を通して、日本の共同体の精神史のラフスケッチを獲得できればと目下静かに潜行中である。

この二月、第一期十年の修講式を終えた於波良岐常民学舎は、ゆっくりと仕切り直しをして、五月から注釈研究『明治大正史世相篇』のアポリアに取り組んでいる。

そしてそれに続く遠野常民大学も、この八月二十四日に、第一期十年の幕を閉じ、その成果の証としての『注釈遠野物語』を柳田国男全集の出版元である筑摩書房から上梓し、二百六十人をこえる盛大な遠野人の集まりのなかで出版記念祝賀会を開いてもらい、わずか一週間で千部完売し、九月に入って千部の購入をするという高い評価をえて迎えられていった。

四回目を終えた「『遠野物語』ゼミナール」もテーマが「カッパの世界」であったということもあって、大変充実したゼミナールとなった。

立川柳田国男を読む会の学習テーマは、ここ二、三年継続している柳田国男の「武蔵野論」を中心に、風景論を深化させている。

三年目を迎えた妻有学舎は、今年から会員の文献研究発表に入り、少々戸惑っている感じであるが、秋口からは軌道にのってくれるだろうと期待しているところである。

明治大学公開大学の柳田国男を学ぶ会は、前期にわたしの講義「生活者と学問／歴史と人間／民俗思想史の方法」を終え、後期に『青年と学問』のリポートとコメントに入る予定である。

そして今年スタートした、明治大学の職員のみなさんを中心とした柳田国男ゼミナールは、新人による少数精鋭ながら深化の早い楽しみな学習グループとなっている。「柳田国男の学問形成」そしてその「評価史」へと進んでいくが、毎回出されている通信への感想文と文献検索が見事であり、大変役立たせてもらっている。

このほか、この二、三年行方不明になっていたふじみ柳田国男を学ぶ会の労作『鶴瀬団地物語』のワープロ原稿が出てきて、この秋には上梓しようと、久しぶりに話し合っているところである。

■出版物

於波良岐常民学舎『からっ風のヒューマニズム』九七年二月刊

遠野常民大学編著『注釈遠野物語』筑摩書房　八月刊

合同研究会編著『常民大学の学問と思想／柳田学と生活者の学問・二五年の史譜』九月刊

■私の仕事

入沢康夫との対談「体験的書誌学論」『図書の譜』明治大学図書館紀要　創刊号　三月刊

谷川健一『日本の地名』岩波新書（四月刊）の書評　信濃毎日新聞　五月二十一日

「塩の道とは」「古代から現代までの塩の道」竹内宏他編著『もっとも長い塩の道』ぎょうせい　八月刊

講義「遠野物語の新たなる地平」『遠野物語』ゼミナール　八月二十二日

■**秋からの予定**

インタビュー「常民大学二十五年」　信濃毎日新聞　九月十日

「『柳田國男全集』の意義」　信濃毎日新聞　十月

「柳田国男のジュネーブ体験」②　柳田国男伝記研究　第二号　岩田書院

『柳田国男と現代』　筑摩書房

『柳田国男と丸山真男』　筑摩新書

アエラ・ムック『民俗学がわかる』　朝日新聞社　十一月

「わが街・わが大学」『大学時報』　十月

水木しげるとの対談「柳田国男をめぐって」『ちくま』

テレビ評伝『学問と情熱——柳田国男』の監修　紀伊國屋書店　創立七十周年記念　三月上映

そのほか、十月から刊行がはじまる『柳田國男全集』（全三十八巻　筑摩書房）の編集・解題作業

一九九九年学習ノート

第十三号　一九九九年

一九九九年四月から九月までの半年間、十三年つづけてきた大学のいわゆる行政職（学生

部長・政治学科長・学長室専門員長・図書館長、そのほか公開大学運営委員長、カリキュラム検討委員長そしてラグビー部長など）から解放されて、在外研究としての自由な時間をもつことができた。

とはいえ、三度目になるドイツにつぐ韓国のソウルにある梨花女子大学大学院に招かれて、三ヶ月の講義「戦後日本思想史」と三つの特別講演「日本の大学の歴史と現状」（大学院生の研修合宿で）、「日韓文化交流史の歴史と未来」（一般学生向け）、「柳田国男と丸山真男」（現代日本学会）をして七月初旬に帰国した。

その意味では、キムチの辛文化に耐えながら、自由ではあったが相変わらず考え続ける日々の三カ月であったといえよう。この間の印象については、すでに「ソウル通信」の一から三までのリポート（「柳田学舎」に掲載済み）の中で記しておいたが、昨年の台湾での体験やソウルでの体験で学び知らされた思索については、この秋上梓される『柳田学の地平線』（信濃毎日新聞社出版部刊）の中で書いておいたので、後日一読願えればと思っている。

それとは別に、この春から夏にかけての政治的潮流の逆流現象に少々驚かざるを得ない。とりわけ「日の丸」と「君が代」の法制化の行方が心配である。思想史もフォークロアも戦線を組み直して立ち上がらねばならないという感慨が私には強い。これも皆さんと共に再考していかねばならないテーマとされよう。

さて、今年度の後半は、第十六回常民大学合同研究会の新たなるモティーフのもとでの研究発表を出発点として、各常民大学での講義や研究発表の充実に向けて、「学問の出前」の旅をはじめようと思っているところである。

ふんどしを引き締めて、机に本に立ち向かわれんことを希わずにはいられない。

■近刊書

『柳田学の地平線』　信濃毎日新聞社　十二月刊予定

『柳田国男と現代』　筑摩書房　二〇〇〇年四月刊予定

『柳田国男と丸山真男』　ちくま新書　二〇〇〇年五月刊予定

■論考

「平岡ダム物語」　天龍村史

「大鹿歌舞伎の民俗誌」　大鹿村

「梨花女子大学博物館」　明治大学大学史

「朝鮮における『皇民化』の歴史像」　未定

「労農派社会主義の終焉——村沢牧小論」　信濃毎日

■講演

「昔話の復権——その現代的意義」『遠野物語』ゼミナール　九月三日了

「柳田学前史の意義」　常民大学合同研究会　九月二十五日

「『後狩詞記』の現代的意義」　宮崎県椎葉村　十月十六日

「明治大学短期大学の創立期の精神」　短大七〇周年記念講演　十一月五日

「学びを通しての人と町づくり」　十日町市公民館市民大学　十一月十八日

「日本文学と日本民俗学」　成田社会人大学　十一月二十日
「柳田国男の歴史観」　長野県綜合社会教育センター　十一月二十六日

二〇〇一年研究ノート

第十四号　二〇〇一年九月

昨年（二〇〇〇年）の第十七回合同研究会の折には、つい慌しさに紛れて、『常民大学通信』を刊さずに過ぎてしまった。お詫びするしかありません。

そこで、今年は思い直してというより、ある天の声の命令もあり、ささやかな研究ノートを記して、前後をふりかえり、みなさんのご参考にして頂ければと願っています。

今年は、一月に遠州常民談話会の二十周年を記念する「山中共古『見付次第』」の注釈研究書（パピルス社刊）が出版され、さらに七月七日には、静岡第一テレビの製作・放映があり、あるエポックを刻んでくれたことに、ひとつのわたしたちの学びの成果を見た思いがしました。

また、わたしが監修した『天龍村史』も出版され、そのパーティーが大雪のなかで行われたのも印象に残りました。とりわけ、柳田研究所のみなさんが調査執筆した「民俗篇」が加わっていたことは特筆していいかと思います。

今年は、大学が創立一二〇周年を迎え、その記念行事の担当理事をおおせつかったこともあって、その企画・交渉・運営に時間を費やされ、十一月の式典が終わるまで、まだ手がはなせません。

そして、やっと八月に入って、依頼されていた岩波ジュニア新書の『柳田国男』を書き始めているところです。若い世代に、柳田のことを伝え、二十一世紀に継ぐことができればと願っています。これも、わたしの仕事かと改めて思ったりしています。

以下、消化してきた講演やエッセイあるいは予定を記しておきます。

■近刊書

『柳田国男——その民俗的日本人観』(岩波ジュニア新書) 二〇〇二年一月下旬刊行予定

『柳田国男と丸山真男』(ちくま新書　二〇〇二年春)

■論考

「明治大学創立一二〇年の意義」(『紫紺の歴程』十一月)

「芳賀登小論」(全集・月報)

「明治大学一二〇周年・イベント通信」(毎月)

■講演

「満島捕虜収容所の思想史的検証」(柳田研究所総会　四月十五日)

「世界一の写真帖」(熊谷元一写真コンクール　七月八日)

「冒険としての読書」(私立大学図書館協会総会記念講演　八月七日)

「柳田国男のまなざし」(『遠野物語』ゼミナール　八月三十一日)

「柳田学の周辺」（茗水社　九月二十日）
「柳田国男と現代」（第十八回合同研究会　九月二十三日）
「柳田国男と『遠野物語』」（岩手大学教育学部集中講義　十月二十六・七日、十一月十六・七日）

■ゼミの調査旅行

「日韓文化交流の古層」（九月十六から十八日、京都・奈良の仏教文化の見学）
「韓国における皇民化政策の実態」（十二月初旬、ソウル旅行）

二〇〇二年覚え書

第十五号　二〇〇二年九月

昨年（二〇〇一年）の後半は、大学の一二〇周年記念事業に文字通り忙殺され、ともあれひとつの歴史を刻む仕事を終えることができ、ほっとした一年半でした。

その疲れか、あるいは不養生のためか、体調をくずし、みなさんにご心配とご迷惑をおかけし、誠に申し訳ありませんでした。

その折には、心温まる数々のお見舞いを、直接間接いただき、ありがとうございました。改めて心からお礼申し上げます。

幸い、その後の経過も順調に推移し、前期の大学の授業等は無事努めてきました。ただ、遠くへの出張を控えるようにとのこともあって、常民大学への出講は休ませて頂きました。中し訳なく思っています、というより、無念に思いつづけてきました。

九月十四・十五日に開かれる立川での第十九回常民大学合同研究会の成果を契機に、来年度の「記念」大会に向けて、〝野の学・地域の学・生活者の学〟の、いま一つの脱皮というか前進の可能性を、みなさんと共に考えていきたいと念じています。（九月五日記）

■近刊書

『伊那谷の民俗と思想』　南信州新聞社　十月刊予定

『柳田国男——その学問と思想』　岩波ジュニア新書　執筆中

■論考・エッセイ

「満島捕虜収容所の思想史的検証」『伊那民俗研究』第十一号所収　二〇〇二年三月刊

「『関東庁警務局資料』解説」　日本図書センター　二〇〇一年四月二十五日刊

「冒険としての読書」『私立大学図書館協会会報』一一七　二〇〇二年一月刊

「柳田国男のまなざし」『動物のフォークロア』所収　遠野物語研究所　二〇〇二年三月二十三日刊

「柳田学の周辺」『茗水クラブ会報』二〇〇一年十月十五日刊

「柳田国男と現代」『常民大学研究紀要』第三号所収、岩田書院　二〇〇二年九月十四日刊

紀要を読んで下さい。

「創立一二〇周年記念事業の足跡」『創立一二〇周年記念事業記録集』所収　明治大学広報部　二〇〇二年三月二十五日刊

「大鹿歌舞伎の民俗思想史的考察」『国選択無形民俗文化財調査報告書』所収　大鹿村教育委員会　二〇〇〇年三月三十一日刊
「いまひとつの日本文化受容考」後藤編『古層における韓国文化の受容史ノート』二〇〇二年三月二十六日刊
「児玉花外の思想――『校歌』を育んだ精神の原譜」『明治大学学園だより』二〇〇二年四月二十日掲載
「お別れの言葉」武井正弘氏への弔辞　二〇〇二年五月十八日
「柳田為正先生哀悼」『伊那民俗学研究所報』第四九号所収　二〇〇二年六月十五日
「子どもの想像力の復権――柳田国男『子ども風土記』から」放送大学特別講義　二〇〇二年六月三十日放送
「『阿弥陀堂だより』を観て」「信濃毎日新聞」八月十日掲載

■**講演**

「柳田国男の学問形成」岩手大学教育学部　地域民俗誌集中講義　遠野図書館　二〇〇二年八月二十九日
「柳田国男の植物観」『遠野物語』ゼミナール　二〇〇二年八月三十日
「韓国文化受容史」第十九回常民大学合同研究会　二〇〇二年九月十四日
「佐々木喜善没後七〇年記念講演・佐々木喜善の偉大」遠野市　二〇〇二年九月二十八日
「生涯学習と読書」全国図書館大会基調講演　群馬県前橋市　二〇〇二年十月二十四日

常民大学のみなさんへのご報告

臨時号No.1　二〇〇二年十月五日

一　立川での感動について

九月十四日・十五日の両日にわたって行われた立川での第十九回常民大学合同研究会は、いままでにない感動に満ちた講演であり、研究報告でした。

わたしの報告は、テーマははっきりしていたのですが、病のなかからは充分に推し進めることができず、申し訳なく思っていました。（後日フォローする予定です）

上田先生の「帰化」説、改めて感銘し、とりわけ、今回の天皇発言への助言などの史話は、まさに歴史の言葉でした。

会員の研究発表は、今回もさらに豊かなものであり、とりわけ、各地域の研究テーマを掘り下げた、高柳、中山、古田島さんのリポートは心をうちました。なかでも古田島さんの「稲の自己認識」ともいうべきリポートは、遠く小千谷から毎月十日町まで通い、学び語っていったこの数年の間に深化させていった思考であったことを知っているわたしにとってただ頭が下がる思いでした。

また、自らの生活者としての領域から、問いを発していった小田、曾原、小倉さんのリポートも見事でした。小田さんには、総合学習の揺れの大きいいま、それへの抵抗体として一書を早くまとめる責務があるようにすら思われました。

曾原さんがゆっくりあたためつつ、いよいよ柳田の「女性観」に切り込んでいく初動を見せてくれた感性に注目したいと思いました。そして戦後の「女」をどう位置づけていくか。小倉さん、まだ未消化、しかし壮大なテーマゆえ、これからの民俗的手法がどう生かされるか楽しみにしたいものです。

横川さんはせっかく貴重なフィールド・ワークの宝をもちながら、つかいきれず一寸残念でした。いま一度挑戦、整理してみて下さい。

わたしの感想とは別に、二、三の方からすばらしい感想文が寄せられていますので、別記にご紹介させて頂きますので、ご覧ください。

二　その立川での非礼とその後について

第一日目の格調あるそして充実した研究発表のあとの、一年ぶりの交流会で、楽しい一時をと思っていたのですが、最後になって突然ある一人の方が、すでに耳にされたとかで、わたしの病気を話されてしまったために、ついわたしもこの際正直にご報告申しあげて、お詫びやらお願いをしなくてはならないことになり、突然のマイクを取っての非礼のご挨拶を申しあげ、楽しい空気を曇らせてしまいましたこと、深くお詫び申しあげます。

実は、翌日の代表者会議の席上で、みなさんにひそかにご報告申しあげ、ご理解を頂くつもりでいたので、ちょっとみなさん全体を動揺させてしまった感があり、申し訳なく思っています。ともあれお許し下さい。

しかし逆に、二次会ではそのことが肴となり、共にホンネで、常民大学の明日を語ることができたように思ったりしていました。朝日の坂本さんの涙はそのことの象徴でした。

ところで、わたしの今回の病名は「悪性リンパ腫」といういわゆるリンパ腺の癌でした。九月の半ばに診断され、立川での研究会を了えて入院しようとしていましたので、終了後のあとしまつを了えて九月十七日に入院し、十八日から抗ガン剤による点滴化学療法の治療に入りました。

幸い、予想されたいわゆる副作用（吐気、しびれなど）はまったくなく、順調に一週間は推移しましたが、二週間目に入って、肺に水がたまり、それが心臓を圧迫して、呼吸困難を呼び起こし、さらに声の発声を抑え、話しにくいほどでした。

一時は、新しい抗体物質による治療をと主治医の先生は考えられていましたが、いま少し従来の方法をということで、肺の水をとり、ステロイド系の抗体剤を点滴継続することでなぜか、その効果があらわれ、高かった白血球の数値がぐんぐんと下がっていきました。

ということで、ここ一、二週間様子を見て、第一サイクルを終了し、一時退院し、そして第二サイクルに向かうという予定になりそうですので、ひとまずはご安心のほどお願い申しあげます。

三　**今後の予定**

①大学　理事会・学部長会は欠席。講義（日本政治思想史）は代講をお願いした。
ゼミおよび大学院のゼミは随時自主学習とし月一回の拙宅学習とする。

②常民大学　それぞれの日程に添って自主学習を続けてもらいます。二〇〇三年四月から出講します。
③常民大学三十年・合同研究会第二十回記念研究事業についての打ち合わせ会を年内あるいは新年のうちにおこないたいと思っています。
十二月　小委員会
一月　代表者会議
打ち合わせ事項は別記（後日）
いつものように、鎌倉の曾原さんのお手をわずらわしながら、みなさんへのご報告やらで連絡を申しあげますこと、お許し下さい。

追記
①映画『阿弥陀堂だより』が十月五日から全国で封切りになりました。〝近代と民俗〟の正と負を考えさせてくれる作品です。
②『常民大学研究紀要3』
立派な論考集になりました。外からは高い評価を与えられています。広く友人、知人におすすめして下さい。
③『常民大学通信』（第十九回研究会資料）は、各常民大学で増刷りし、会員に一読するよう配布して下さい。

退院のご報告

臨時号 No.2　二〇〇二年十月十八日

ご心配をおかけ致しましたが、その後の治療が順調に推移したのか、十月十八日（金）、ひとまず退院することができました。

九月十七日に入院してからちょうど一ヶ月ぶりの帰宅になりました。あとは週一回〜二回の通院治療が二〜三ヶ月は続くかと思います。

九月十四日の立川での勉強会以来、みなさんにはご心配とご迷惑をおかけし、そのうえ、入院中は、たくさんのみなさんに遠くからわざわざお見舞いを頂き、恐縮致し、心から感謝申しあげます。

みなさんの励ましが、どれほどわたしを勇気づけ、気力をわきたたせてくれたかはかり知れません。主治医の田中江里先生もそのことを申しておりました。

そのことに改めて感謝し、今後は充分自重し、いましばらくの養生に励んでまいる所存ですのでよろしくお願い申しあげます。

ご報告

臨時号 No.3　二〇〇二年十二月十七日

ご心配とご迷惑をおかけした一年もあとわずかとなりました。その間、はるばる遠くから多くのみなさんのお見舞いを受け、感謝の言葉もありません。

そんな曖かな励ましもあって、十月末には退院し、順調な自宅通院生活をして参りました。ところが、十一月末に、わたしのまったく不注意により、風邪をひき、やがて肺炎となり、入院加療の身となり、今日に至っております。女房をはじめ、まわりの親しい仲間からも、わたしの我儘な生き方を責められつづけ、深く反省をしつつ、快方に向かって努力しているところです。幸い、年末には退院でき、正月以降は自宅療養の身となろうかと思いますので、ひとまずのご休心のほどお願い申しあげます。

五　講義録

遠山学事始　（一九七七年十一月十二日　遠山常民大学第一期第一講講義録）

一　現代日本における自己教育の現状

遠山学事始というここでの最初の講義になるわけですが、それを五つのテーマにわけてお話を進めてみたいと思います。

まず最初に、現代日本における自己教育としての学校外教育の現状について少し触れておきたいと思います。これは、わたしの体験的なあるいは実感的なお話になるかとおもいますが、ともかく、東京を中心とする都市、その周辺の都市もそうですが、今日勉強熱がたいへん盛んであるということです。

たとえば、「朝日新聞」の外郭事業団体である朝日カルチャーセンターというのが東京新宿にあります。これは四年ほど前に開講されて今日に至っていますが、その中に例えば、語学とか日本語の研究とかさらに歴史とか文学、政治、経済、さらに実学的な講座やそれにリクレーション、あるいは趣味の教室とかそういう講座もあるわけですが、毎年春と秋にわけながら、百講座くらいあるわけですが、たいへん受講生が多いそうです。ここでの受講料は五千円から一万円くらいで、三ヶ月、半年とかを前納して申し込むそうです。

その第一回の時に「日本人論」というテーマで五人ほどの先生といっしょにわたしも講義

しましたが、ときどき講義が終わってから、六十代のお医者さん、教師、大学院生、また四、五十代の主婦といったいろいろな人と話しをしたり、飲んだりしたことがありましたが、その人たちの話を聞いていると、みな勉強したいという気持ちが強いということです。それから、今年の九月から品川区の社会教育課で主催している成人学校で、毎週一回ずつ十二月まで十五回「柳田国男と郷土史」というテーマで話してくれということで行っているわけですが、やはりここでも勉強熱が盛んです。そして、いまひとつ、この十一月から十二月にかけてそのとなりの大田区の社会教育課で五年ほど前から開いております区民大学の政治学の講義で「日本思想の特質」というテーマで講義をはじめていますが、ここも多勢の人が集まってよく勉強していることを感じました。こうした傾向は、単に日本においてだけでなく、アメリカなどでも、コミュニティ・カレッジというのがいま盛んだそうです。

それとは別に、いわゆる若い人の自主研究という大学や大学院の先生や、さらに卒業して小学校や中学校に勤めながら、あるいは出版社や官庁などに勤めている人たちがさらに勉強したいということで、自主的に年間五万円くらいの会費を出して勉強している寺小屋という昔の名前をとった勉強会が東京にあります。この勉強会は、たとえば吉田松陰の原典から読むという吉田松陰研究会とか、あるいは国学、水戸学とか、またドイツの思想研究といったおよそ二十くらいの研究会があります。

そのなかのひとつ、柳田国男研究会という講座をわたしも担当し、もう六年にもなります。当時、二十四、五歳の青年もいまは三十代になって結婚したり、子どもを産んだりする年代になっています。なかには三十五、六歳の主婦で、子どもが三人もいる奥さんもいます。この方は古代史を勉強している方ですが、大変な勉強家です。六年間も、毎週一回ずつきて勉強していると、これは相当な本を読むことになるわけですが、なかにはすでに自分でも文章が書ける、そういう力を蓄えている人もいます。

この若い人たちとわたしは、最初に約束したんですが、とにかくやるんだったら十年くらいかけて勉強しよう、そして十年経ったらさらばしよう、それからまた新しいお付き合いをしようと話してきたんです。それはなぜかといえば、自分の中に何かを作り上げようとするには、やはり一日や二日ではできるものではないという、そういうふうにしてそれを作り上げて生きて死んでゆくということが、人間にとって大切なことではないかと、そんなことをいいながら研究会を続けてきました。もちろん、講義が終わった後はみんなで一杯飲んで、新宿辺りでとぐろを巻いているというのが、ここ数年のわたしの生活であったわけです。

しかし、学問を通しての人間の付き合いというものは、たいへん気持ちがいいものですね。そういう意味で、さっき村長さんもおっしゃっていたんですが、文化の匂い、あるいは香りというものを通しての交流というものは、純粋であればあるほど、やはりかけがえなくいいものですし、また大切だと思います。

エコノミックアニマルといわれたこの十数年の日本の高度成長の中で、わたしたちがともすると失ってしまった人間の歴史や思想の問題をもう一度考え直すという反省が、今東京を始めとしてあちこちの地方や民間のなかで目覚めつつあるということが、こうして事実としてあるということです。そういう大きな渦の流れの中にわたしたちのこの遠山の勉強会もまたあるんだろうと、わたしは思っています。でなかったら、こうしてみなさんが千円も出して勉強するという初めての試みに、こうまで多くの皆さんが参加するということはなかったとさえ思われます。

ところで、自己教育という学校を了えたり、職場で働いていたりする若い人や、あるいは年配の人たちが、なぜもう一度勉強したいと思うのか、そしてその空気があちこちで強いのかということについて少し考えてみたいと思います。

その一つは、戦後三十余年たった今日、高度成長があるゆきづまりを示し始めたこの時期に、未来はどうなるのかというある不安が渦を巻きはじめた中に、ひとつの反省として出てきたということです。そういった反省期に入ったときに、考えられるのはやはり歴史であって、それは単にその失敗や不景気が戦後の三十年からでたものではなくて、もっと長い明治近代以降の、いわば日本の近代化の形成過程の中に実はあったのではないかという考え方にだんだん深まっていく。そういう反省の時期に、一つは日本全体がなっている。そこに、勉強したいという熱が渦を巻いているということがいえる。もちろん、ある意味では、明治近代以降初めて訪れた高度成長といういわゆる経済的なささやかなゆとりのなかでの余暇利用として勉強してみたいという希望が、全体的に多くなってきているということもひとつにはいえると思います。そのことは、さきほどもいったように、こうして遠山でも盛大に勉強会ができるということに示されているとおもいます。

たとえば、今までにもこの遠山のなかで趣味サークルとして書道だとか、料理だとか、あるいはコーラスや民謡クラブだとかそういう趣味的なサークルの勉強会だとか、練習会というものがここ二、三年の間に誕生しているようですが、さらにスポーツにおいては、剣道や弓道や野球やバレーボールといったように、そういった運動を通しての同好の楽しむ会ができています。しかし、歴史とか、政治とか思想とかについて勉強するという試みは恐らく、遠山には今まではなかったし、遠山だけでなく地方や村にはなかなか生れなかったと思います。NHKのニュース解説者などを招いて、そのときの政治の裏話を聞くというような講演会とかいうのは飯田にもあり、遠山にもあったわけですが、それはその時々に聞いて単なる情報として流れていくだけであって、みなさんの物を考えるいわば、血液として沈澱してゆく、そういうものではなかったのではないだろうかという感じがします。

そういう意味でいいますと、この勉強会の意味はやはり少しばかり違ったものになるかと思っております。本当のことを言えば、これはたとえば、村の教育委員会とか、あるいは、公民館の主催で始めたというものではないわけですが、将来はそういったところで、もっと広範囲な、あるいはもっと様々な幅のある勉強会というものも計画されていくことも必要だろうという感じもします。

ところで、なぜ遠山にこうした歴史とか学問とかを学ぶという渦が巻き起こらなかったかという問題があるわけですが、しかし、そうはいっても百年の歴史の中に、いわゆる遠山の文化史というものの歴史は何回か起こってはいたわけですが、ただ不幸にして持続しなかった。あるいは、ある意味で普遍性を求めなかったというゆえに、ほんとうの意味での学問や歴史というものがここでは形成されなかったように思います。その問題について、第二の問題として、遠山文化史の検証ということで二、三お話しをしてみたいと思います。その反省と延長線上のなかで、こういった勉強会の意味というもの、あるいは、この勉強会を続けていく過程のなかで、やがて本格的な郷土史をさらに研究するというような研究会も作っていくような方向へいってもらいたいという感じがするわけです。

発刊された『村史　遠山』の中からもう一度振り返って、遠山の文化史だけを引き出して考えてみたいと思います。

二　遠山文化史の検証

わたしは、遠山の文化史を六つか七つの節として考えてみたいと思います。

まず、その第一期は、明治四十年代に生れた青巒教育会の文化運動です。明治四十二年、その青巒社というのが結成されて文芸雑誌の『やまづる』というのが発行されています。これは村史をやるとき、あちこち探したのですが、なかなか見つからなくて、誰かご存知の方があったら教えていただきたいと思っています。

ただ、そういった『やまづる』という文芸雑誌の発刊を通して、たとえば酒井天外とか深尾寛斉というような、いわゆる詩歌になじんだ青年たちがそこから生み出されていったということは、やはり興味あることだと思います。

こういったいわゆる文化運動が明治四十年代に遠山の谷間で産声をあげるんですが、そのベースになっていくのは明治四十年代日露戦争後に全国的に発足していった青年会、たとえば明治三十八年の八重河内、四十年の木沢、四十四年の和田、それから四十四年の組合村青年会、四十五年の遠山連青、四十四年の郡青という形での青年会の発足・誕生というものにひとつは支えられていった文化運動があったということです。

この青年会がどうして日本の中で発生したかというのは、ひとつは東京に遊学していった書生にたいして、村に残った学校に行けなかった若い人たちが、新しくそれと違う形で村に残ったいわば書生青年として自覚していくという問題があって、そこから発生していく。その青年団運動の良き指導者として、たとえば山本滝之助とか、田沢義鋪というようなすぐれた指導者が出てくるということもあったわけですが、そういう渦のなかで遠山の文芸雑誌『やまづる』なんかも出されていったのではないか、という感じがします。これが遠山における文化運動の第一期ではなかったかという感じがします。

今日持ってこなかったのですが、この前遠山礼さんの所で見せてもらったのですが、大正五年に写真を撮った青巒会の面々の写真がありましたが、それには遠山恭平、遠山民、深尾寛斉というような当時の若き青年論客が顔を並べているわけです。こういう人たちが大正期にひとつのサロンを形成して、遠山の文化史を細々ながら構成していたんだなという感じがしました。

その後、戦争期に入ってゆくわけですが、第二期というのは、これは純然たる民間のいわゆる野の中からでてきた文化運動ではないんですが、今日はさきほど佐藤先生もお話しになっていいた、しかもその先生でもあった和田の実科中学から出発した青年学校での教育というものがひとつあるだろうと思います。これは、教育制度としての文化というものを生み出した力となったと思うんですが、大正十年に実科補修学校、それから十五年に青年訓練所になり、昭和七年に実科中学、そして昭和十年にその青年訓練所が青年学校になったわけです。そして、昭和十四年には義務制になったものです。

その教師として、片町伊那喜現村長、そして佐藤四郎先生が、指導されていた。高等科二年を了えたあとは、村に残った人たちがそこで教育をうけたわけですが、その人たちの話を聞くと、当時の先生に教わったことが青年期にある刺激を与えられていったということを言っています。

その中からたとえば、今度参議院議員になられた村沢牧さんだとか、あるいは現在飯田東中で教師をやっている近藤静可さんだとか、亡くなったけれど針間正吉さんだとか、この人は川柳歌人としてなかなかすぐれた句を作っていた人だったが、あるいはやはり現在役場に勤めている和田欽逸さんだとか、というようないわゆる学問好き、学問の尊さというものを、あるいは文化とか文学とかいうものを大事にする、それを契機としてコツコツと生涯変ることなく勉強を続けていった青年たちが、やはりその青年学校の中で実は育まれていったということが言えるんではないかと思います。

第三期は、これは戦後になりますが、昭和二十年に木沢の大沢乙井先生が主宰して出していた『またたび』という俳句や短歌の雑誌がありますが、そういう雑誌を通して、当時の二十代前後の青年たちがある文化の芽を育んでいったということがあるわけです。幸運にもその頃、木沢の校長で歌人である池田寿一先生がいらっしゃったり、あるいは、和田の中学に後沢重雄という同じような歌人の先生がいらっしゃったということが、戦後の混乱した文化的な飢えの中でやはり文化の種を落としていったということが言えるんではないか。

その頃出された、これは青年会で出された機関紙ですが、小さな新聞が何号か出されています。「岳麓」という新聞がありますが、その新聞なんかを今見ますと、たいへん元気はつらつとした青年の主張をうかがうことができます。そしてそういったところで、そういう恩師に出会い、文化の精神を育み、それをさらに自分なりに持続して今日ひとつの小さな実りをまとめたのが、この十月出版された木沢の下平正春さんの詩歌集『山・村・人』というあの一冊ではなかったかという感じがします。たまたまわたしに序文を書いてくれというので、生意気にもささやかな文章を書いておいたのですが、三十年間にわたってその書かれた彼の青少年期からの詩や短歌を見せてもらって感心したことは、やはり生涯を通してその青年期に培われた文化の魂をずっとひきずりながら、あるいは文章を通して自分の気持ちを表現しながら物事を考え歌いあげてきた。そういう人がやはりこの遠山にいたということにわたしは感動をしましたし、また非常に嬉しくおもいました。

歌がうまいとか何とかいうよりも、そういうふうにして内面の世界をいつも自分とは何か、村はこれでいいのか、ということを考えながら生きてこられたということは、やはり偉大なことであり、人間の最も大事なことではなかったかなと、下平さんの詩や短歌を見せてもらって感じたわけです。

第四期は、これはちょっと違うんですが、さきほどの青年学校の問題と合わせて考えてみますと、これも教育制度のひとつとして、ある文化の実りを育んでいった問題として、昭和二十三年から四十三年までちょうど二十年間、ここに設立されて細々としてあった定時制高校の分校がひとつの意味を持っているだろうと思います。二十年間、細々と名称を変えながら持続した定時制高校の分校ではあったのですが、男子九十八人、女子四十四人、合計百四十二人の生徒が正式に卒業している。

その中で、たとえば、第一期生になるかどうかはちょっとわからないのですが、たぶん農協におります北沢広富さんなんかは第一期ぐらいに当たるのではないかと思うのですが、やはりそういった夜、分校で勉強しながら自分の精神を育んでいった、また鍛えていったということが遠山のいままでになかったある新しいものを培っていったという意味では、大きな力になっているんではないか、という感じがします。

それから、だいぶ後期になるんですが、第五期というのは昭和三十年以降青年会活動がだんだん細々となっていってしまって、いわゆるこれといった文化活動が若い人の中になかった時期に、これは手前味噌かもしれないんですが、たとえば、さきほどの北沢広富さんとか、そういう人たちとわたしなんかが一緒になって「木の実」という読書会の研究会を二、三年続けたことがあったのですが、その後に、そこにいた若い人たち、たとえば、今思い出すと、役場における山崎邦春君とか、文房具店主の小沢一太郎君とか、県吏員の近藤清三君とか、そういうわたしより一、二年後輩の彼らとやっていたことがあります。その後に、また小沢一太郎君なんかが中心になって「あらくさ会」というあまりイメージのはっきりしない、とにかく文化親睦とかいう団体サークルがあって、それが何年かくすぶっていたのですが、昭和四十五年ですか、とにかくいろいろと村の歴史を研究しようということで、山林問題とか、自然保護の問題とかの分科会を作ったりして一、二年積極的に調査をしたり、勉強したりしたことがあったわけです。その頃から、できたら村の歴史を将来編みたいとみんなで話し合ったりしていました。その後、彼らも四十歳を過ぎて生活の中に巻き込まれ、バラバラになっていった。

一方、高度成長の展開と共に若い人たちが村外流出をし、そのために青年たちがスクラムを組んで勉強をしたり、何かをしたりする機会が少なくなった。そういう不毛な時代がここ十数年続いてきたわけです。

そして、第六期ともいえる今日を迎えているわけです。昭和四十七年から五十一年までのほぼ五年間をかけて編まれた初めての村史が発刊されたことを通して、それをベースとした新たな遠山の文化活動が始まるんではないかとそんな感じがわたしはするのです。この常民大学が、その突破口になればという期待を実はわたしは思っていますし、みなさんもそうした希望を抱いているのではないかという感じがするわけです。

こういうふうに考えて見ますと、遠山の文化史のコースというものは、三つの流れがあったということができます。ひとつは、先ほどお話ししたように青巒会で出された『やまづる』とか、戦後の『またたび』や「山麓」それから「木の実」とか、「あらくさ会」とか、そして今日、木沢で始められた「しらかば会」のメンバー活動だとか、そういういわゆる在野の青年たちの有志による文化活動というのが、細々ながらあの時代のある青年たちによる遠山の文化を形作ってきたという歴史の流れがひとつはあったということです。

第二は、明治四十年代以降に続けられてきた青年会、あるいは青年団の活動であります。この場合、二つのタイプがありまして、ひとつは、いわゆる〝お祭り青年〟というふうによく言われたことがあったのですが、祭りやスポーツの主体としての活動があります。そしていまひとつのタイプは、政治運動であります。その時々の、たとえば、戦前における昭和四、五年の電気料金値上げの反対運動とか、あるいは昭和十九年の共有山問題について青年会が中心になって村民大会を開くとか、そういうコース。それから戦後にも何回かあった青年団がその時々の政治の問題にコミットして、その正義を正していくという運動の役割があったわけです。

第三が学校教育のコース。これがさきほど申しましたように、実科中学さらに青年学校という形で戦前にあったその教育制度を通しての文化コース・文化形成への歴史がひとつはあった。もうひとつは、戦後の細々とではありましたが、定時制高校が育んでいったひとつの村人の文化形成というものがあったという感じがします。その他、やはり、村からいったん出て、学校を出たり、あるいは様々な職場で体験をしてきて、村へ帰ってきた、たとえば教師だとか、医者だとか、あるいは、その他の人たちによる村の文化への波紋のひろげかたというものもひとつの大きな影響を持っていたといえると思います。

さて、こうした文化サークルや教育制度での文化活動を通して、どれほど明治近代以降において、遠山の青年たちが個としての自我を形成してきたかという点について、わたしなりの印象を述べてみたいと思います。

まず、詩歌のコースについてでありますが、結局のところ多くは文学的教養の域を脱することができなかったのではないか、つまりそれによって厳しい内面性や人間としての抵抗力までは養いえなかったのではないかという印象がわたしにはするのです。また、その時々の青年団の政治運動もその時々のいわゆる表面的な運動に終わってしまったのではないか。その精神を持続して己を鍛えていった人がいなかったのではなかったかという感じがします。

青年学校もその意味では結局、戦時中ということもありましたが、中途半端な教育に終わってしまったという気がしてやはり残念に思われるのです。

結論的に申しますと、こうした長い文化活動が遠山にありながら、結局本物の文化、そうした文化を担った人が出てこなかったということは、文化や学問を通して真に心を開き磨きあうということがなかったのではないかという反省をわたしはするのです。その意味では残念ながら、やはり本物の普遍性に到達するという文化形成史というものをわたしたちは持ち得なかったのではないか。そこに遠山の文化の不幸があったんではないか。あるいは、そういった文化を育んでいくという持続性というものがなかなか育たなかったという不幸が、ひとつはあったという感じがいたします。そういう不幸が本当の意味での人間とは何かといういわば自己認識、つまり自分を知るという謙虚な精神を育てなかったということが反省として言えるのではないか。

それは、政治にしても経済にしても、社会にしても、文化にしてもやはりそうではなかったかという感じがわたくしは強いのです。これはやや乱暴ない言い方を申し上げたかも知れないんですが、そうしたうえに立って、その自己認識を深めてゆくひとつの勉強として、まず最初に郷土の学問を、遠山の研究をしながら、郷土の学問を我々はどういうふうに起こしてゆくかということをこれから考えてゆきたいと思っているわけです。

三 「自己認識」としての郷土学

次に、自己認識としての遠山学、あるいは郷土学という問題について少しお話しを進めてみたいと思います。

ヨーロッパの近代を証したデカルトという哲学者がありましたが、そのデカルトの『方法序説』という有名な哲学書がございますが、その中で近代人の証しとは内省する人間である。つまり内省ができる人間であるかないかが近代の人間の証しであるということを提出したのです。

ところで、なぜここでデカルトの話なんかを出してきたかと申しますと、そういったヨーロッパ近代のなかに発展してきた内省的、そして実証主義的な学問を日本で明治近代以降の学問史のなかで素直にしかも正確に受け止めて展開をしてきた一人の学者がいたからです。それが民俗学者柳田国男の学問であり、態度であったのです。そして、その柳田国男の言葉に次のような言葉があるからです。「村人が村の歴史を知るということは、すなわち村の反省であり、村人の反省である」。

そういう歴史や学問を興すことが、近代日本のこれからにとって一番大切なことであるということを、昭和十年に書かれた『郷土生活の研究法』という著書の中で述べているからであります。この『郷土生活の研究法』という本のなかで述べている、つまり今日のこの大学のテーマになっています常民の自己認識ということが、人間が自立していく上で最も大切なことであり、その自立した一個の人間となってゆく基礎的方法として、まず国の歴史や世界の歴史ではなくて、自分の足元のルーツ、歴史を正確に勉強し、掘り起こし明らかにしていくということから始めるのが何より大切である。そういう運動や学問を全国に広げていきたいというのが、柳田国男の学問の願いであったわけです。そういう柳田の民衆における自己認識という言葉と方法に、実はわたしも今から十数年前に大変衝撃を受けて、それ以降多くのことを教えられてきたのです。

ところでここでちょっとわき道にそれますが、その「常民」という言葉について少しお話しをして置きたいと思います。確かに常民という言葉は柳田国男が造語したわけですが、そのそもそもの契機というものは、明治近代以降における士農工商という身分社会の崩壊に伴って新たに登場した士族、平民という言葉も、やはりこれもひとつの階級概念であるとして好感を持たなかったわけです。さらに、納税と兵役の義務者としての人民や国民という言葉もあまりスッキリしたものとは思えなかったと思われます。まして天皇の子としての臣民という概念に対してはなおさらのことだったと思います。

つまり、柳田国男にとっては、そういった明治国家の一連の支配概念としての言葉に象徴される、その政治のありようが、自らの農政官僚としての体験を通して、ある挫折めいた感慨があったわけです。それゆえに、柳田の「常民」という言葉に込められた概念は、明治国家総体に対する批判概念であった、という理解を示す学者もいるわけです。柳田が対象として発掘しようとした学問は、日本の中世以降の、まさに「常民」の生活と精神の歴史を明らかにしようとした学問であったわけです。今日一般に民俗学といわれる学問がそれであります。

そのとき、柳田に考えられたのは、結局、英雄でも貴族でもまた村においては親方名主でもない、圧倒的な数の普通の百姓である、まさに「官」や「非常」の民ではなく、「日常」の民であったわけです。この「常民」こそが日本の生産の担い手であり、その生活文化の伝承者であったというわけです。

その「常民」の歴史を新たに明らかにし、それをベースに「常民」の自己認識を深め、反省し、賢くなり、そしてその「常民」を主体とする村や国家が形成されることを願ったのが、柳田の学問であり営みであったわけです。

このたびの、わたしたちの大学に、「常民」という名前をつけたのは、そうした柳田国男のイメージを少しでも実らせたいものと思ってつけられたものです。

わたしたちがここで、村の歴史を勉強しようとしているのは、そうした「常民」としての自立、つまりそれぞれが賢い判断力をもった人間になることを願ってのものであるわけです。ただその場合、特殊である村の個性とか風土とか歴史とかだけを研究して、それで俺が村のことはそのまま日本にも当てはまる、世界史にも当てはまるというように考えているとそれだけでは困るので、もちろん結果としては人類と同じような生活や文化を形成してきたわけですが、その特殊な村を研究する過程で、もう一つ日本や世界の人類の歴史がどうであったか、それがどういう意味を持っているのか、どう解釈したらいいかということを、普遍的な、すなわち一般的などこでも通用する理論や学問と照らし合わせながら、村の健康診断としての歴史を明らかにしていくということがやはり大事なことではないかと思うわけです。それを知ると結果として、結局はやってみたけれど遠山にあることも、あるいは隣の村にあることもさらに海を渡った四国や九州にあることも、さらにアメリカやドイツであることも根本的には同じなんだということが解ってくる。その意味では、そのことが解ったときにどんな山の奥に住もうと、あるいは大都会に住もうとも、堂々として普遍的な人間として生きていくことができる。そういう人間の等価としての尊厳というものを獲得することができる。そのために歴史の学問をすることは大切なんだ。それを柳田国男は育てることを悲願としたというふうにわたしは考えておるわけです。

で、この大学の出発点もそういった意味で、そういう普遍性という問題をまずは明治近代以降の、今日までの基を作った原点、あるいは祖型を作った明治維新以降の明治国家のさまざまな思想や文化や歴史というものを、あちこちの角度から洗い直し、その骨格を学び、それと村の歴史とを照らし合わせて、わが村の歴史はどこに存在したか、われわれの先祖やわれわれの生きてきた歴史というものは何であったのか、どこでわれわれは失敗したのか、間違ったのか、どこが正しかったのかということを自ずと理解していくことが出来るのではないか。そのためには一回遠まわりになりますが、本当に郷土研究に入って行くベースとして、やはり普遍的な日本の思想あるいは歴史というものを明治維新をベースとしながら、この一年はそこを中心にやっていきたいというように考えているわけです。

そういう意味では大正デモクラシーの時代に、たとえば上田、安曇野、飯田に起こり伝って行ったいわゆる信濃自由大学というやはりこういう同じような大学が何年か盛んに行われたことがあったわけですが、そういう大正デモクラシー時代の信濃自由大学のイメージとはわたしはちょっと意味を異にしたいという感じがするわけです。

その意味はたとえば土田杏村という京都大学を出た新進の哲学者である彼を中心とした人たちが、まず上田でこの大学を開き、それから安曇野の木崎自由大学そして飯田の南信自由大学と。その中からたとえば、上田の信濃自由大学のように、ある意味で当時大きな役割を果たしていったものも生まれました。

大正デモクラシーというのは、当時日本のジャーナリストを中心としたいわゆる護憲運動として花開いた運動であったわけですが、その影響下でこの信濃自由大学を通して養われたエネルギーというものが、あの上田地方のあちこちの青年会で発行されていった新聞となって現れたのです。そこでの彼らの主張や経済的不況に対する社会批判の精神の台頭には、実はわたしも読んで大変感動したことがあったのです。つまり、結果としてはそれは大きなうねりにまでも結晶しなかったかもしれませんが、そうした地方の新しい精神とエネルギーが大正デモクラシーのいわば底流として支えていったのだったということは、やはり意義があったというように言えると思います。

今年、参議院議員をお辞めになった社会党の理論家随一ともいわれた羽生三七なども、同じ時期の飯田の自由大学から生まれた一人でもあったわけです。そして、そこでの勉強を契機として飯田の青年運動の核ともなったＬＹＬの運動が展開されていったのでもありました。

しかし、その大学での当時の教科書なんかを見ますと、経済学概論とか、哲学概論とか文学概論とかいう書物を毎日働いている青年たちを相手に勉強しているわけですが、それは難しかったと思います。しかし、それがどの位わたしのいう自己認識という問題とつながっていたかどうか、そのことが少し気になるわけです。つまり、本当に地に這って生活をしていく人々の自己認識にどれほどなったかという意味では、どうもその後の持続力という問題から見るとやはり立ち消えてしまったのではないかという感じがわたしにはするのです。

そうした反省をこめてわたしたちのこの勉強会というのは、もう少し時間をかけながら、ゆっくりと普遍と特殊について勉強してゆきたいとわたしは思っています。

つまり、ストレートに文化や勉強会が政治や経済運動に連なるという形で、わたしは進めたくないし、またそのように思いたくないわけです。もちろんそれが、歴史を変えていくエネルギーになるということは大切なわけですが、信濃自由大学的なある観念的な運動としての勉強会というものを展開したいというふうには考えていません。

ともかくそういう形でひとり立ちが出来てちゃんとした判断力を持って堂々と物が言え、そして未来の予見力を養うことができる。そういう勉強会になることを願っているのです。

四　歴史認識の形成と想像力の形成

その自己認識を養うためには、まず村の歴史を知ることですが、その村の歴史を本当に知るためには、あるいは確かめるためには、普遍の歴史、日本の歴史も世界の歴史もやはり知らなきゃいかんというふうにこの勉強会を献立していきたいとわたしは思っているわけです。それではなぜそれが人間にとっても、さらに日本の歴史にとっても、今大事であるかということについて第四の問題として、歴史認識の形成と想像力の形成というテーマをあげておいたんですが、それについて少し述べておきたいと思います。

これは明治近代の歴史を考えても、いつの時代もそうですが、ある時代におけるその時代の状況が行詰ったり、行く先が見えなくなったり、特に経済的な不況だとかあるいは外国からのいわゆる衝撃を受けた時に、はじめて日本の国家や民族はそしてこの俺は、これからどうするかという事を激しく考える、考えねばならない時に立たされるわけです。その最も象徴的な歴史というのがたとえば幕末であり、そこにおける象徴的な思想家吉田松陰の思想形成の中によくうかがわれる。つまり、外国からの衝撃から日本の民族の血を守るためには、とにかく統一させなきゃならない、その統一させるためには一君万民というかつてあった天皇を政治の主体として、いまある幕府を倒さなければならない。そういう思想をあの身分社会の固い幕藩体制の中で吉田松陰が出してゆくということは、単なる戦略戦術としてではなく、それは今日でいえばいわゆる東大闘争などでよく使われた自己否定という言葉がありますが、つまり一君万民、一人の君の下に四民は全部平等である。そういう社会を作るということは、そのまま具体的には武士である身分を放棄する、否定する、自分で否定してゆくというそういうことであったわけです。

それは非常に大変なことであったわけですね。自分を否定して新しい社会を、みんなの社会を作っていくということはやはり大変なことであったわけです。それを吉田松陰はまず提出している。そういった自己否定を伴った一君万民の思想を創出していった吉田松陰の背景には、大変な勉強とくに歴史の勉強があったわけです。とくに、水戸で編んでいた『大日本史』の存在を知り、それを通して日本の歴史を知り、なかんずくその歴史に流れている天皇の歴史と存在を知っていたのであったわけです。それによって初めて日本の歴史の過去と、そして向かうべき未来の歴史のありようを正当性のあるものとして予見したのです。そこにまた倒幕の正当性の原理も生まれていったわけです。

しかし、結局松陰は時の政局に処刑されるわけですが、その志を受け継いだお弟子さんたちである高杉晋作や伊藤博文や山形狂介、木戸孝允というような若いお弟子さんたちが、後の馬関戦争を契機として徳川幕藩体制倒幕に向かって、その思想を理念を松陰が指した歴史を展開して前進を勝ち取ったわけです。その延長線上に建設された近代国家にわたしたちは存在しているわけです。

その吉田松陰の思想形成については改めて後にお話しをしますが、ともかく最も国が困難をきわめている時代、暗く未来が解らないそういう危機的な状況のときに、新しい歴史を指していったのは、これを救っていったのは吉田松陰のそういう歴史を勉強したところから、その未来の予見性や正当性というものが生まれた、思い出されたということになるわけです。

そういう意味からいっても、特殊遠山の未来、百年にわたる未来を考える上でも、やはり遠山の歴史を本当に知り尽くして、そこから遠山の村人総体の魂の予言として百年後はこうあるべきだというような予言が出されることがやはり大事だろうし、それはどこの村においてもそうであるし、そういう郷土史研究が起こることを願い、その想像力を養うためのひとつの場としてこの勉強会を考えていきたいとわたしは思っています。

たとえば、それは具体的にいえば遠山の歴史とは何か。遠山の特殊とは何か。と考えますと、いま一つだけいえることはまず九十九パーセントが山であり、一パーセントの平地しかない風土に住んでいるということです。そのことをどういうふうに考えるか。九十九パーセント山に囲まれているということは、その九十九パーセントの山を相手に生きていかなきゃならないという、つまりここは農村ではなく山村であるということ。そういう自覚がどの位されてきたか、されているかということがひとつあるわけです。

たとえば木工家具を作る所もないし、あるいはこれだけの山のみにかこまれていながらハシ一本、楊枝一本その木を使って我々は食をしていない。あるいは沢に育つクルミによってつくられた菓子一つ食ったこともない。そういうことをいうとキリがないわけですが、ともかくそういう意味では自らのこれしかないという風土の個性を充分に生かして生きてはいないという感じがわたしにはするのです。その意味ではこの風土、この特殊の歴史をもう一度確認し、考えることを通して遠山の未来というものを我々はじっくり考えていきたい。そういう勉強会というものは、あるものを創造していくという勉強会は大変楽しいものではないかという感じがわたしにはするわけであります。

『村史』が出来たことでやっと遠山の近代、あるいは戦後の歴史が始まったという感じがします。百年のおくれた歴史を取り戻し本当の意味での遠山の歴史を未来を、歴史を勉強しながら切り開いていきたいものだと思っています。とくに時代が暗くなりつつある今日、そういう時代を解放して新しい方向に向かうためにも、やはり正しい歴史認識を養うことは大切ではないかと思うわけです。それは遠山に限らずいずれの村や町やそして国においても同様に言えます。

また、十二月十一日、霜月祭の頃に来ますけれど、それまで皆さんお元気で、お会いするのを楽しみにしながら、今日は非常にあちこちに飛んだお話しになったかと思いますが、次からはだんだんと自分の専門のところに入ってきますので、もう少しスマートにおしゃべりができるかと思いますが、今日はこの辺でこの大学の序章としての講義を閉じます。

付記＝本稿は、一九七七年十一月十二日の遠山常民大学開講第一回目の講義録である。開講の話がまとまってから一ヶ月半、構想や呼び掛け等の準備で密なスケジュールの合間に、素地はあったにせよ広範囲な情報を収集しての原稿で、村外者十名を含む四十八名の年代も職業も多様な故郷の人々への二時間半に及ぶ講義であった。緊張もあったが、第一歩を踏み込んだという興奮もあり、上って口がカラカラになったと、本人の後日談もあった。当時四十四歳のことであった。

次に掲載するのは、同年九月二十八日に開講の話がまとまった後、その準備段階での先生からの手紙である。友人で事の発起人である小沢一太郎事務局長の元に届いた内容には、先生の熱い思いが溢れ、運営委員会に激励の意味で効果的であった。「開講のお知らせ」の新聞チラシには、内容を簡略化した別文で掲載されたが、関係者への受講案内には清書されて広く配付された。その時には、末尾の「出稼ぎの地、鎌倉にて」は削除されている。先生の故郷に対する思い入れと配慮が感じられる。

（針間道夫）

遠山のみなさんへの手紙――「遠山常民大学」開講に向けて

昨年の暮れに、わが郷土の初めての村史『遠山』が、みなさんのお手元にとどけられてから、もうすぐ一年になります。時の経つのは早いものですが、とりわけ今年一年の四季の流れは、また格別であったという話をときどき帰る田舎での親しい友人や知人のみなさんの何人かからわたしはしばしば聞かされてまいりました。その一様な感慨というのは、初めて知る己の村の一万年というながい歴史を繙きながら、その歴史の一コマ一コマに心を馳せるとき、なんといま生きている一年という時間の短く小さいものであるということを知らず知らずのうちに知らされたからであった、というものであったようです。と同時に小刻みに読みながらの日々のなかで、なんと己の村の歴史に無知であったかという無念の感情がふつふつと心の中に湧きでてきて、それが心あせる日々にまたさせていったのかもしれない、と話してくれたのでした。

そして一方、まえまえから村の歴史にある関心を抱きながら、細々とではあるが個人的に研究を積み重ねてきた心ある何人かの人たちは、この『村史』をしっかりと手にしながら、それ以上に一歩を前へ前進する方法と知識とそして仲間の不在を嘆き、そして無念の思いを、わたしにさらけだしたのでした。

たとえばそれらの人たちは、中学校の生徒であり、そしてその小学校、中学校の先生たちであり、さらに三十代四十代の青壮年たちの何人かであり、あるいは同様な世代の主婦のある人たちであったのです。そしてこれらの人たちが等しく望んでいたことは、ひとことでいえば、村の歴史をさらに詳しく知りたいということであり、それを通してわが郷土遠山のあるべき未来の姿を少しでも確かなものとして己のものにしたいという精神の飢えでありました。

文字をもった常民としての営みをつづけてきた百余年の歴史をもつ遠山にあって、この声は、初めて生まれでたいわゆる歴史意識の芽生えではないかと、わたしには思われます。この意識の誕生と奇しき合唱は、遠山の近代史にとって、上からではなく、下からのつまり村人の内発性にもとづく精神の表出として、わたしはいまだかつてみたことのない、かけがえもなく貴い文化の台頭であり、遠山の精神史における地殻変動を意味する画期的な営みであるようにわたしには思われたのです。わたしは、この声に、この営みに、率直にしかも力強く応えたいとそのとき思いました。いや、正直にいえば、この五年間、ささやかな力を通して『村史』編纂に協力しながら、わたしは、いつか近い日に、遠山の心ある人たちが、一緒に遠山の歴史をいま一度勉強しようという声をあげてくるのではないかと、一人秘かに期待していたのでした。そしてここにそうした何人かの有志とともに、その思いを実らすべく、固い決意と息のながい展望のもとに、「遠山常民大学」を開講することにしました。

遠山のみなさん、勉強しましょう。誰のためでもない、自分自身のために。人間としての最高の営みである学問を通して、己を鍛え、己を磨き、己を深めそして己を知り、反省し、普遍的な人類の一人として、生き死ぬために、そしてそのささやかな歴史認識を未来の世代に伝え遺してゆくために、この一年、そして十年、このわたしと向き合って勉強してみませんか。もちろん、いまだ微力なわたしですが、いやそれゆえにこそ、みなさんとともに学問の根本であるまさに、「自分史」としての郷土の歴史を勉強しあうなかで、わたし自身をも厳しく鍛えてゆきたいと念願しているのです。どうか、遠山のみなさんの、この耳新しい、しかし遠山のそして日本の新しい歴史の地平を切り拓いてゆくこととなろう、決して制度や官の学ではない、生活者としての村人のまさに「野の学」としての「遠山常民大学」への心安く積極的なご参加と、その実質における成功を、心から期待しています。

「己」→「村」→「国」→「人類」とつなぐ、学問のありようを通して、物や形ではなく、内面世界における普遍者としての自己を獲得していきたいという、そういう学問をわたしは推めていきたいと思っています。

二十一世紀に向かう、新しい村や地方の生き方、人間の生き方は、こうしたいわば生涯教育を通してのみ可能だといえます。それはまた、遠い代々の祖先の歴史に対する人間としての礼であり、またわが子および次の世代に対する「学ぶ」ということの真の範を示していくことをも意味するものといえましょう。

歴史を学ぶとは、こうして、わたしたちの人間としてもっとも大切な、雄々しき勇気とやさしい人間性を、透明な予見力を、したたかな生活力を、いつとはなしに次第々々にわたしたちの内面世界に限りなく養い育ててくれるものです。不透明で、閉ざされた空気の漂う今日、国や村の暗い壁をつき破っていく新しいエネルギーこそ、息のながい精緻な歴史認識の蓄積の中から生まれるであろう、人間のはらからなる確かな創造力でしかありません。その力を貯えるためにも、まずは、この奇妙なとも思われる、わたしたちのための大学に、心と足を向けられんことをお祈りしています。

昭和五十二年十月五日

出稼ぎの地、鎌倉にて

遠山のみなさんへ

柳田国男の大嘗祭観

（一九九〇年十一月二日　鎌倉柳田国男研究会・鎌倉市民学舎合同特別講義講義録）

柳田国男の大嘗祭についての民俗学的鍬入れは、日本における「大嘗祭とは」ということの歴史的考察の最初であった。最初に鍬入れをしたということは大変意義あることであるが、戦前の天皇制下における大嘗祭観は、戦後の新嘗研究のそれとは乖離している。それは、柳田国男自身が大正天皇の即位の時には、大礼使事務官として直接関与し、そういう視点で大嘗祭についての考え方を示しており、また昭和三（一九二八）年の時には「朝日新聞」の論説委員としての立場から書いており、戦前の天皇制下における思想的、学問的閉塞、限界のために十分語り尽くせなかったということだと思う。それにしても民俗学的な視点から最初に問題提起をしたことについては深い敬意を表してもよいと思う。

去年から今年にかけて、すでに五十冊近い大嘗祭に関する資料や単行本が出ており、また新聞、雑誌の連載もある。にもかかわらず大嘗祭は謎が多い。室町期にいったん中断するわけだが、その意味がわからないし、何故近世になって五代将軍綱吉が復興して、京都でおこなわれたのかもわからないし、あるいは何故明治になって初めて東京で行われたかもわからない。憲法の論理だけの解釈では腑に落ちない謎、謎の延長線上で、我々は政治的儀礼の季節を迎えている。まだまだ見えないところが多いが、戦前よりも戦後、そして柳田国男が昭和二十八（一九五三）年に『新嘗の研究』で発表した論考「稲の産屋」（後に『海上の道』に収録）よりも、それから三十年、四十年たった今日、もう少し明確に見えてきたのは学問の力だと思うが、今回の十一月までには全部学界レベルで見えたというところまで行かず、根本的な疑義を提出するところまでいっていないという不遇を抱えたままいるという感じだ。
今日の天皇の即位儀礼は、天皇が人間宣言をして現人神から「人間」になり、政治的意味での位置を失った国民統合の象徴としての即位礼である。そういう意味で戦前の三回と戦後は違うが、形は同じであり即位儀礼として、次のようなことを行う。

即位儀礼

一　践祚（一九八九年一月七日）
　具体的には剣璽渡御の儀礼、新憲法下では、剣璽等継承の儀。

二　大喪の礼（一九八九年二月二十四日）
　天皇の霊魂と肉体を分離する儀礼で、十一月二十二日から二十三日にかけて行われる大嘗祭の時にこの先帝の霊と新天皇が褥を共にしてその魂を受け継ぎ、その事によって初めて皇位を継承することになる。

三　即位の礼（一九九〇年十一月十二日）
　記紀神話にあるように、高天原の天照大神が坐っていたところがいわゆる高御座である。その高御座から天皇が臣民にあいさつをし、国民が臣従を誓う儀礼で、それは国の内外に一体化をアピールするものである。

主権在民の今日、それはおかしいのではないかというのが憲法学者やキリスト教者の批判の論点である。

四　大嘗祭（一九九〇年十一月二十二～二十三日）

縄文の時代から米が入ってきて弥生期になり、弥生文化が発展して、柳田国男的に言えば、山の民であった縄文の歴史から稲を携えてきた里人の歴史になる。その弥生文化の中心は稲であり、その米が豊かに実るようにということで、各村ごとに神嘗と新嘗の儀式を地の神や固有の神を祀って行ってきた。

それを七世紀に形成された大和国家が取り入れて、天皇が新たに即位した時にその秋の新穀の魂を継承するということだが

イ　天皇の霊の継承――真床覆衾論

ロ　稲の魂の継承

の、二つの説があり、どちらが正しいか決着がついていない。これは明らかに宗教儀礼であり、皇室固有の行事としてやろうということで進められているわけだが、公的な性格が強く、半ば国家的な行事として行われ、それが戦後憲法に反すると言われている。

大嘗祭は、確かに日本だけに行われるが、王権あるいは支配、人間と支配、国家と支配という点から考えると、どこの国にも固有の支配装置がある。民族の生産様式、宗教的な歴史等

によって民族を支配するための正統性の原理を見出さなければ、支配が貫徹しない。そのために支配装置をつくる。王権を位置づけているのは、宗教性＝神秘的なものであり、日本の天皇制も人類学的にとらえれば、一つの支配装置であるという見方が強くなっている。この王権の神秘性ということは、見えないということで非合理的な装置である。これに国民、民族がひれ伏して支配されていくという歴史を多くの民族がもって来た。日本の場合は、明治に形だけは近代になったが、権力の主宰者というものを天皇に持って来て、宗教や神秘的な天皇のイメージをシンボルとして担ぐことによって支配して来た。

天皇制の問題がやっかいだというのは、生身である我々の精神が一時代のものでなく、五千年前からの土地の神や、農耕の神、そして神社神道化されて形成されてきた神々として継承され、それが民間の神としてあり、もう一方に、それを集約して天皇神が形成されてくるということと関わっているところにある。だから、宗教的側面としての天皇制つまり天皇信仰は非常にやっかいである。ただ腑分けして、「分かりました。じゃ無くしましょう」というわけにはなかなかいかないというところがある。そのやっかいな事の成り立ちとそれをどう腑分けしていくかということを頭において、大嘗祭がその成立の過程から今日まで、どう行われてきたのかというところまでたどり着ければと思う。

大嘗祭は王位継承の一番重要な宗教儀礼としてあるわけだが、その王位継承の原理は、何によって成り立っているのか。二つある。

イ　血の継承

ロ　天皇霊の継承

血の継承は、践祚で親族が世襲的に行う。もうひとつは、大嘗祭のなかで天皇の霊を受け継いで神になって皇位を継承していく、明らかに宗教的儀礼である。これがなくなれば、今の天皇は実に品位が無くなる。軽くなる。軽くするためには、やらない方が良いということになるのだが、国家権力にとっては、そうはいかない。正当性の裏付けをどこかでもたなければならない。そういう意味で出来るだけ厳かに神秘的に、そしてたくさんお金を使ってやるというのが即位儀礼の歴史的伝統になっている。

㈠　**大嘗祭の成立**

大嘗祭の成立については、一つは弥生期以降の民間の農耕儀礼として行われて来た新嘗の儀礼の問題がある。米が作られたのは、縄文末期二千何百年前からだが、新嘗の祭の祭祀遺跡はなかなか出てこない。『魏志倭人伝』の裴松之の注に倭国では「正歳四節」が知られておらず、ただ「春耕秋収」を計って年紀とすると書かれている。もし中国に新嘗の儀式があったとすれば、ここに書かれているはずである。ということからすれば、新嘗の儀礼は、日本固有のものだということが言える。しかし、戦後の研究によってアジアにも似たような儀礼があり、アジアの影響をうけているのではないかと言われている。それは、柳田国男のいう南の民が稲を携えて沖縄へ、そして日本列島へと上陸してきたという海上の道起源説と合ってくる。

大化の改新の時に中国の宗教儀礼を入れて来て、そこに日本の民間儀礼をはめ込んで、天皇が即位する時だけ大嘗祭を行うと漢文調で読んで新しく作った、というのが柳田国男なんかが後に言う問題である。柳田国男の戦後の論考「稲の産屋」にも書かれているが、あれは大化の改新の時に、唐風のものを入れてきたのであり、中国の真似をしたのだと言っている。ところが明治初めから敗戦までの三回の儀礼の時は、万世一系、日本だけに伝わる天皇即位の儀礼としてうたってきた。それがインチキだと柳田は戦後指摘する。その一つの物証が、『魏志倭人伝』に書かれているように、三世紀の日本の農耕儀礼の中にまだ暦が入っておらず、日本の稲積の儀礼が弥生期初期の農耕儀礼としてあって、それが大化改新の時の唐文化の移入によって、「新嘗」という漢字が当てられたということになるのではないか。しかも即位礼と大嘗祭は分離されていた。

実際に大嘗祭が成立するのは、七世紀後半で、天武、持統朝の時代から皇位継承の儀礼となる。唐文化だけで天皇の皇位継承をやっていくと物真似になるので、日本古来の稲の生まれ変わりの儀礼を組み入れて、唐文化と日本古来の民間儀礼をセットにして日本固有の儀礼にしていった。これが一つの説である。

もう一つは、大和国家の儀礼だけでなく、それを天下に示して、地方の豪族たちを服従させるための儀礼として行われたという説である。ということは、この宗教的儀礼が、政治的支配の服属儀礼として行われていたということになる。

では、大嘗祭の秘儀の内容は何か。その内容を一言で言えば、その秋とれた新穀を神（天照大神、天皇の先祖）に捧げ、神と共に食べる神饌供進の儀礼である。これは日本の新嘗の儀礼にずっとあったもので、近世以降消えていくわけだが、その名残は、村々の祭りの直会の中に今日もある。

折口信夫が昭和三年に発表した「大嘗祭の本義」（資料一）が有名な真床覆衾であり、定説となって行くわけだが戦後、それに対する反論が出てくる。

イ　折口信夫説（真床覆衾説）

〈先帝遺骸同衾論〉先帝の遺骸と同衾してその魂を引き継ぐ。折口は、昭和五（一九三〇）年の二つの論考の中では、先帝あるいは天照大神の亡骸が衾の下にあると想定する説に反対の意思を表明するが、昭和七（一九三二）年にはもう一度最初の説にもどる。

ロ　岡田精司説（服属儀礼説）

大和国家が地方の豪族を従わせるための服属儀礼である。だからこそ天皇と釆女が同衾する。

この二つの説のどちらなのか、あるいは両方を合わせたものなのかということの研究学説はまだ明晰にされていない。

この大嘗祭が文献に登場してくるのは九世紀半ばで、この文献から律令制度時代から始められたという歴史的アリバイ固めをやっていこうということである。それ以前については、非常に見えにくく、考古学的な祭祀遺跡あるいは、折口的な民俗学の方法をかりながら、中世から古代へ遡って、強いアナロジーを働かせながら探らなければならない。そういうふうに完成されてきた大嘗祭が、室町時代の後半（十五世紀半ば）から徳川幕府五代将軍綱吉の時代まで二百二十年間中断し、幕府の援助によって、大和からの天皇家がまさに私的な宗教儀礼として皇位継承儀礼を行うという形で復興する。だから国家的行事としてではなくひっそりと行われた。

㈡　儀礼の宗教的変遷

一　古代・中世——即位儀礼としての大嘗祭の中味は神仏習合であった。唐風であるから当然そうであるわけだが、唐風である中味は、仏教も陰陽道もそして道教も入っているということであった。

二　近世——畿内の神仏勢力、在地からの献納、奉仕そして幕府からの財政援助の中で、古代・中世に完成された神仏習合的な儀礼として幕末まで行われた。

三　近代——純神道的性格を付与されて行われた。天皇一元化、国家神道化政策の最初が明治零（一八六八）年の神仏分離令による排仏毀釈、習合的な仏教を排し、神道を奉るというものであったが、そういう宗教政策の一環として近代の大嘗祭は行われた。その天皇一元化、国家神道化の中で行われた明治四（一八七一）年の明治天皇の即位儀礼は、その中味が神道的であったと同時に、近世のように大和畿内での天皇家の私的儀礼としてではなく、日本全国を支配する権威、権力の祭祀として国家が主催して行われた。

㈢ 近代の大嘗祭

明治四（一八七一）年東京で大嘗祭が行われた。何故東京で行われたのか。岩倉具視が東京でやった方が良いと具申している意見書があり、岩倉等が中心になって東京を選んだというこことがわかるわけだが、その意図は何かというと、一つは京都にはまだ皇族を初め旧勢力があり、京都で行えば天皇が拉致されるのではないかという恐れがあったという事。もう一つは、都が東京に移り、天皇の支配地域になったという東京遷都、そして天皇支配の国家が成立したのだということを全国に知らしめるためのシンボル操作であったということだ。そして大正四（一九一五）年は京都で、昭和三年も京都で行われ、平成二（一九九〇）年は東京で行われることになる。

明治四年以降は、まず即位礼と大嘗祭の間の期間が短縮され、形式も神道風にがらりと変わる。また財政も幕府や畿内の者が稲や浄財を持ってきて行うというのではなく全て国家が出すようになる。このように時期も形式も、財政規模もがらりと変わる。しかも言葉も御大礼、御大典という言葉で一括して行われるようになる。このことの意味、特に明治四年の大嘗祭の政治的意味は資料二の「大嘗会告諭」を読むと国民支配、国民教化のための政治儀礼ということであったのだということが見える。

『大嘗会告諭』（明治四年）の内容

イ　大嘗会は、天孫瓊々杵尊の降臨神話に基いて行われる。

ロ　即位初めに行われる大嘗祭は、御大礼といい、その中味は高御座に上がって新穀を食べ、酒を飲み百官群臣に賜うということで、是を豊明節会という。

ハ　天皇の神、伊勢の神と産土の神、先祖の神がリンクするものと位置づけられている。産土の神の向うに不可視の幻想としての天皇信仰としてあったものが、明治四年以降正確にリンクされ、天皇の先祖と民衆の先祖、現人神である天皇と被支配大衆である国民とが常に繋がっていることを知らしめようとしている。

(四) 柳田国男の位置

柳田国男は、大正三（一九一四）年に貴族院書記官長に就任し、翌大正四年八月十三日に大正天皇の即位礼の大礼使事務官に任命された。そして十月三十一日から十一月三十日までのほぼ一ケ月間京都で大正天皇の大礼に奉仕しており、具体的には十一月十三日鎮魂の儀に参列し、十四日夕から十五日朝にかけての大嘗祭に奉仕している。貴族院書記官長であったがために、大礼使事務官として直接大嘗祭の組み立てをし、見守るということをした。その中での体験を通して書かれたエッセイ、論考は、資料三に柳田国男の大嘗祭関係論考として上げてあるが、大正四年の「大嘗祭より大饗まで」（資料四）に柳田国男の感慨が述べられている。

大正九（一九二〇）年に朝日新聞社の客員となり、大正十（一九二一）年から十二（一九二三）年まで、国際連盟の日本代表の委任統治委員としてスイスのジュネーブに赴く。

ジュネーブから帰ってからは「朝日新聞」の論説委員として大正十二年の終わりから昭和五（一九三〇）年までユニークな社説を書き続ける。この間に昭和天皇が即位し、これに関して、論説委員という立場から、あるいはそういう枠組みの中で書かざるを得なかったこともあるが、資料六、七の論考がある。

もう一つの論考は、昭和二十六（一九五一）年から二十八（一九五三）年まで、にひなめ研究会というものを組織して、戦後天皇制から解放された時期に、開かれた学問の中で学際的に二年間ほど研究して、昭和二十八年に『新嘗の研究』（創元社）という本を出しているが、その巻頭の「稲の産屋」である。（資料八）

このように大正四年に事務官として直接大嘗祭に立ち会った時の論考、「朝日新聞」の論説委員としての昭和の大嘗祭についての論考、そして戦後の象徴天皇下のにひなめ研究会で大嘗祭についての研究を進めた時の論考。その時々の柳田国男の置かれた位置を頭に入れて、それぞれの論考の意味を考えていきたい。

㈤　柳田国男の大嘗祭に関する論考

イ　大正四年の大嘗祭考

「大嘗祭より大饗まで」（資料四）では、神秘の夜であったという感慨を書いている。「大嘗祭より大饗まで」の「大嘗祭に奉仕して」では、大嘗祭は記紀神話から伝わったもので、わが国第一の大きな祭りであると言っている。そして、だからこそ「即位の大礼はできるだけ開放的」に、しかし大嘗祭は「あくまで純国家的の祭祀として」「原始の形式を追って簡朴はあくまで簡朴に、神秘はあくまで神秘」に行われることを望むと言っている。この古典的考え、古式にのっとって簡素にという考えは、明治末期から民俗学に関心を持ち、すでに二、三の論考を書き始めつつあったということで、うっすらとではあるけれども、柳田国男が大嘗祭が農耕儀礼から発展して日本の国家の大事な祭りになっている、ということを初めて知った人であったということを示している。しかも学問としても開かれた形で、初めて問いを発していったということである。あの時代に、問いを発していったということが大事だと思う。それと同時に、あの時代の柳田国男の学問的、思想的立場の限界、未熟さはいうことができる。

そして「大嘗祭ニ関スル所感」（資料五）のなかで既にちらっと言っているが、「即位禮ハ中古外國ノ文物ヲ輸入セラレタル」ものであると言っている。つまり即位礼は万世一系ではないということを言っている。

これに対して大嘗祭は、「國民全體ノ信仰ニ深キ根柢ヲ有スルモノ」であるとしている。大嘗祭は農耕儀礼から生まれたものであり、国民の中に深い意味がある。だから厳粛にやってほしいといっている。

ロ　昭和三年の大嘗祭考

「朝日新聞」論説委員の時の社説「御発輦」（昭和三年十一月六日　資料六）は編集局長に原稿をズタズタに切られて大喧嘩をしたそうだが、その削られたものがここに載っている。（削られる前の原稿は、佐伯有清の『柳田国男と古代史』で点検、分析されている）。この文章の中で柳田国男は、「これが天朝の国命を支配したまふべき根本理法の表現なることを知らぬ者は無く」と書いている。すでに大正デモクラシーも経験し、新聞やラジオ等のマス・メディアが発達したなかで国民も皆知っている。しかも教育勅語等を通して教育が行き渡っている。そんな中で行われていったのであり、国が一つになって、新しい天皇が即位していくことが「天朝の国命を支配したまふべき根本理法」で、天皇と被支配者である国民とが一体となった国家が成熟したものとして見えたということを柳田国男は言っている。ということは、裏側からいうと、逆に日本の国家を支配していく核にあるものが、実は天皇であり、また核になりながら農耕儀礼というもので天皇と国民を一体につなぎ、正統性を持たせているものが大嘗祭であり、それが大成功を納めようとしている、そのように見えると言っているのである。

この時期の柳田国男は、盛んに日本の民俗学を推し進めていた時代であり、万世一系をうたっている記紀神話を、日本歴史のなかで一番悪い書物であると批判している。その中で、日本民族は混成民族であると言って、神の国から生まれた単一民族であるという記紀神話に反発している。このことは、すでに大正六（一九一七）年の「山人考」で言っており、記紀神話を批判している。そういう文脈から、あるいは開かれたヨーロッパの学問を知ってきたことから当時の柳田国男は、民俗学が過去の民衆の歴史、民族の生い立ち、特に日本人の起源を明らかにしていくものであることを考え始めていた。日本人の先祖は、銅や金銀がまだ貨幣として使われない時期に、南の人間が貨幣となる沖縄の宝貝、子安貝を求めて、稲を携えて上陸し、稲を南から日本列島へ伝播させていった人たちである、という日本人の起源論を世界史の視野の中で考えていた。そういう柳田国男にとって、万世一系なんて冗談ではないということだった。そういう時期に大嘗祭が行われた。そう考えると、日本が大嘗祭を中心に一体となった事は良いことなのか、あるいは逆に怖いというように見えたのか、その辺の分析はまだ行われていない。が、それにはもう少し時間をかけたい。

また同じ昭和三年の「大嘗祭と国民」（資料七）では、民間の農耕儀礼としての新嘗の儀式と天皇の即位礼としての大嘗祭とが同じであり、そこに於いて、国民と天皇が一体となっていると言おうとしている。

八　昭和二十八年の大嘗祭考

「稲の産屋」（資料八――①）では、「最も見落し難い大きな差別は、皇室が親しく稲作をなされざりしことである」と述べ、その天皇家が、農民の農耕儀礼である新嘗の儀式をやるのはおかしいのではないか、という疑義を提出している。つまりフィクションであり、だから柳田国男は万古以来の天皇家がやって来た農耕儀礼であるとは言わない。そして資料八――②では、万世一系と言いながら、悠紀、主基を作っての儀礼は、天地陰陽から来る二極の思想、つまり唐風のものに基いて、大化改新以降に設けられたものではなかったかと言っている。だから、明治以降万世一系と言ってきたが、それは違うということを言っている。歴史科学として見ていけば、明治以降の神道的なもの、万世一系が、全部伝統だとして今も受け継ごうとすればそれは違う。柳田国男は昭和三年の時の即位礼だけは唐の文物を入れたと書いている。そして大嘗祭も唐から入れた陰陽道の二極を以って、儀式を設けており、万世一系ではないと言っている。柳田国男の説によれば、神道でいけば悠紀、主基はやってはいけないことになる。この問題は今でも残っている。このことはきっちりさせなければならない問題だが、学際的にやらなければなかなか進まないし、資料の限界もある。

結局は、我々にとって開かれた天皇制の下での初めての経験であるし、誰もが研究でき、色々な説を発表できるようになったという意味で、次の天皇が生まれる時まで研究を続け、その時には答えが出ていて、それに基づいて国会審議、国民投票をしたいと考えたいと言わざるを得ない。とにかくやっと研究が開かれ、始まったという段階だ。

柳田国男は更に、資料八―③、八―④で皇室と村の違い、大嘗祭の儀式と村の儀式とは違う、万世一系はフィクションであり、唐風のものであるということを言わんとする証拠固めとして色々出している。そこで、朝鮮系、中国系あるいはアジアの儀礼を学際的に研究し証拠固めをし、大嘗祭とは何か、その歴史は何か、何が変遷してこう作られたのかを明らかにすることが出来れば良いのだが、これは今後の課題としていかなければならない。

次の大嘗祭の時までに、研究を続け国民世論にしていくためのきっかけ、絶好のチャンスとしてとらえ、そういう勉強会のはしりになってくれればと思う。

（記録　久保田宏）

〈資料〉

資料一（いずれも抜粋）

「大嘗祭の本義」（昭和三年）

大嘗祭の時の、悠紀・主基両殿の中には、ちやんと御寝所が設けられてあつて、蓐・衾がある。褥を置いて、掛け布団や、枕も備へられてある。此は、日の皇子となられる御方が、資格完成の為に、此御寝所に引き籠つて、深い御物忌みをなされる場所である。実に、重大なる鎮魂《ミタマフリ》の行事である。此処に設けられて居る衾は、魂が身体へ這入るまで、引籠つて居る為のものである。裳といふのは、裾を長く引いたもので、今の様な短いもの丶みをいうては居ない。敷裳など丶というて、着物の形に造つて置いたのもある。此期間中を「喪」といふのである。

或人は、此お寝床の事を、先帝の亡き御身体の形だといふが、其はよくない。死人を忌む古代信仰から見ても、よろしくない。猶亦、或人は、此が高御座だといふが、此もよくない。高御座に枕を置いたり、布団をおく筈はない。高御座は、天子様がお立ちになつて、祝詞を申される場所であつて、決してお寝になる場所ではない。此処では、何も、ものを仰せあらせないから、高御座と考へる事は出来ぬ。

（『折口信夫全集』第三巻　中央公論社　一九九五年）

「古代人の思考の基礎」（昭和四～五年）

悠紀殿・主基殿と分れて建つのは古い事で、天武紀にも見られることである。前述のやうに、此は、初めは一つの御殿だつたに違ひない。其中、一番問題になるのは、御殿の中に、御衾を設けてあることで、神道家の中には、天照大神の御死骸が其中にあるのだ、と言うてゐる人もあるが、何の根拠もない、不謹慎な話である。天孫降臨の時、真床襲衾《マドコオフスマ》を被って来られたとあるが、大嘗宮の衾も、此形式を執る為のものであると思ふ。今でも、伊勢大神宮に残つてゐるかも知れないが、伊勢の太神楽に、天蓋のあるのは、此意味である。

（『折口信夫全集』第三巻）

「古代生活に於ける惟神の真意義」（昭和五年）

大嘗祭の時、悠紀殿・主基殿にはお衾がとつてある。それは何の為かと言ふに、或人は祖神の屍を奉安してゐるのだと言ふが、私はそれには反対である。邇々芸命が天降ります時に、真床襲衾といふものを被つてお降りになつたといふ事が日本紀にあるが、真床襲衾とは蒲団の事である。蒲団の事をもといふ。邇々芸命は、もの中に包つて御降りになつたのである。神聖な方が本当に神聖になられるには、最初蒲団の中にぢつと沈静して、神聖な霊のつくのを待つて居られる。そして神聖な霊がつくと蒲団を蹴て出る。私は大嘗祭とはこの意味のもので、天皇が御生れ遊して産湯をお遣ひになる事であると思ふ。瓊々芸命の場合もそれであると思ふ。蒲団に包まれてゐる間は御身体だけであるが、それに霊が——これを日本紀には天皇霊としてある——ついて、初めてすめらみことに御成りになる。天皇の御身体ばかりでは未だ天皇ではなく、天皇霊がついて初めて天皇と申し上げられるのである。(傍点原文)

(『折口信夫全集』第二十巻　一九九六年)

「剣と玉」(昭和七年)

先の天子が崩御遊ばされて、日つぎのみこの中の御一方に尊い神聖なたましひが完全に御身体に憑依し、次の天子としての御資格を得られる迄は、日光にも外気にも触れさせてはならないのであつて、若し外気に触れたならば、直に其神聖味を亡失するものと考へた。故に真床襲衾《マドコオフスマ》で御身を御包みしたのである。古代には死と生とが瞭らかに決らなかつたので、死なぬものならは生きかへり、死んだものならば他の身体にたましひが宿ると考へて、もと天皇霊の著いて居た聖躬と新しくたましひの著く為の御身体と二つ、一つ衾で覆つて置いて盛んに鎮魂術をする。この重大な鎮魂《ミタマフリ》の行事中、真床襲衾と言ふ布団の中に籠つて物忌みをなされるのである。其外来魂の来触密着を待つ期間をも「喪」と称するのであつて、喪に服して居られる間に復活遊ばされると言ふ信仰であつた。(傍線原文)

(『折口信夫全集』第十九巻　一九九六年)

「上代葬儀の精神」(昭和九年)

此鎮魂の歌をうたひ、鎮魂の舞踊をすることを遊びと言ひます。遊びといふことは総て鎮魂の動作を現すことなのです。其文句を唱へて魂を身体につける動作を魂ふりと言ひます。ところが、其が変つて諸国に行はれる魂ふりのことを、国ぶりと言ひます。大嘗祭を見ますと、天子が悠紀殿・主基殿に居られる間は悠紀の国・主基の国の人たちが国ぶりの歌をうたつて居ます。これは天子に其国々の魂をおつけ申すのです。大嘗宮の話は説明が始終行はれて居ますから、話しますが、お衾が設けてあります。普通の一番進んで居ると思はれる説明には、大嘗宮にお衾を設けて、つまり、寝間をお作り申し上げてあるといふことは、お崩れなされた天子の聖躬がそこにある形です。そこに鏡が置いてあり、着物を置いてあり、靴が置いてあるといふことは、つまり御祖先の神様のお骸がそこにあると見て居ると、かう思つて居ます。我々こそ死といふ観念は昔にはなかつたと考へて居るから、どつちになつても宜しいが、今の神道の考へでは、それは非常に不都合です。だからどうしても、此には説明が必要なのです。つまり、それは一種の真床襲衾なのです。だから、天子はそこに入られたに違ひありません。

(『折口信夫全集』第十九巻)

資料二

「大嘗会告諭」

告　諭　神祇省

大嘗会《だいじょうえ》ノ儀ハ、天孫瓊々杵尊《ににぎのみこと》降臨ノ時、天祖天照大御神《あまてらすおおみかみ》詔シテ豊葦原瑞穂国《とよあしはらみずほのくに》ハ吾御子ノ所《しら》レ知国《さんくに》ト封ジ玉ヒ、乃斎庭《ゆにわ》ノ穂ヲ授ケ玉ヒシヨリ、天祖日向《ひゅうが》高千穂宮ニ天降《あまくだり》マシ々々、始テ其稲種ヲ播《まき》テ新穀ヲ聞食《きこしめ》ス。是レ大嘗・新嘗ノ起原也。是ヨリ御歴代年々ノ新嘗祭アリト雖モ、御即位継体ノ初、殊ニ大嘗ノ大儀ヲ行ヒ玉フコトハ、新帝更ニ斯《この》国ヲ所《しろ》レ知食《しめ》シ、天祖ノ封ヲ受ケ玉フ所以《ゆえん》ノ御大礼ニシ〔テ〕、至尊御神、天祖、天神地祇ヲ饗祀《きょうし》マシ々々、辰日《たつのひ》至尊高御坐《たかみくら》ニ御シテ新穀ノ饗饌ヲ聞食シ、即チ酒饌ヲ百官群臣ニ賜フ。是ヲ豊明節会《とよあかりのせちえ》ト云フ。夫《それ》穀ハ天上斎庭ノ貴種ニシテ天祖ノ授与シ玉フ所、生霊億兆《せいれいおくちょう》ノ命ヲ保ツ所ノモノナリ。天皇斯《この》生民ヲ鞠育《きくいく》シ玉ヒ、以テ其恩頼ヲ天祖ニ報ジ、其天職ヲ奉ジ玉フコト斯ノ如シ。然則此大嘗会ニ於テヤ、天下万民謹ンデ、其御趣旨ヲ奉戴シ、当日人民悉《ことごと》ク廃務休業、各地方其産土神《うぶすながみ》ヲ参拝シ、戸々和楽シテ天祖ノ徳沢ヲ仰ギ、隆盛ノ洪福ヲ祝セズンバアルベカラザル也。

十一月神祇

〔『太政類典』一・一二六〕

（遠山茂樹校注『日本近代思想大系2　天皇と華族』岩波書店　一九八八年）

資料三

柳田国男の大嘗祭関係論考

大正四（一九一五）年十二月　「大嘗祭から大饗まで」（『柳田國男全集』第二十四巻　筑摩書房　一九九九年）

大正五（一九一六）年一月　「大礼の後」（『柳田國男全集』第二十五巻　二〇〇〇年）
「神社と宗教」（『柳田國男全集』第二十五巻）
「所謂記念事業」（『柳田國男全集』第二十五巻）
五月　「御大礼参列感話」（『柳田國男全集』第二十五巻）
年月日不詳（草稿）　「大嘗祭ニ關スル所感」（『定本　柳田國男集』第三十一巻　筑摩書房　一九六四年）
昭和三（一九二八）年十一月　「大嘗祭と国民」（『柳田國男全集』第二十七巻　二〇〇一年）
「御發輦」（『柳田國男全集』第二十七巻）
「京都行幸の日」（「御發輦」の原文、『定本　柳田國男集』別巻第二巻　一九六四年）
「大嘗宮の御儀」（『柳田國男全集』第二十七巻）
昭和二八（一九五三）年十一月　「稲の産屋」（『海上の道』に収録、『柳田國男全集』第二十一巻　一九九七年）

資料四

「大嘗祭より大饗まで」（大正四年）抜粋

神秘の夜

大嘗祭《だいじやうさい》の夜《よ》はいかにも静かであつた。ちやうど悠紀殿《ゆきでん》の夕の御饌《みけ》が済んで、主基殿《すきでん》の暁《あさ》の御饌にうつる頃《ころ》、陰暦八日の月はまだ傾きもやらず、黒木の神殿の茅屋根《かやゃね》の上にほのかに照つてゐた、始めはそれを神門の外に樹てられたアーク灯の光とばかり思つてゐたがやはり月の光だつた（昔も大嘗祭は十一月の中の卯《う》の日に行はれた。いつも月のある時分だつたと思ふ）。神殿の中の御灯《みあかし》の光おぼろに何ともしれぬ神秘の色につつまれて見え、殆んど一切の色と音とを絶した世界に、衛士《えじ》の焚く庭燈《にはび》の色が異様に赤く柴垣の外に反映してゐた。あまりの静かさに私達威儀の役に参つたものも、衛門《えもん》の役儀の人達も、身じろぎするたびに衣《きぬ》ずれの音、砂利を踏む音が気になるほど耳立つてならない。神殿の中の静寂を破るのが勿体ないやうに思はれるので、夜半すぎからは交代の番が来てもそのままに夜明まで立ち尽してしまつた。

大嘗祭に奉仕して

大嘗祭はいふまでもなく神代《かみよ》のままに伝はつた我国第一の大祭事、天皇御一代に唯一度の重い御行事《おぎやうじ》であつて、国家国民の精神の最も根深いところにその意味を持つてゐる。これに奉仕するものはあくまでも陛下と御共に神の御前《みまへ》に仕へる邪念のない心持で奉仕しなくてはならぬ。これは陛下の左右に供奉《ぐぶ》しまゐらせ、または神殿の庭前に参役したもの、上だけではない、参列の諸員皆その心得でなくてはならぬ筈である。ただ自分のみ人のしらない珍らしい儀式を見聞《けんもん》したといふ空しい誇や好奇心のために参列を望むやうな心があつてはならぬと思ふ。しかしかやうな敬虔《けいけん》な心持に統一して、神域の清浄を保つためには八百人の参列者はいささか多すぎた。

私の尚古癖《しやうこへき》からいへば、即位の大礼はできるだけ開放的に、大規模に、外国の使臣は勿論、国民代表者は朝鮮台湾から海外の植民地からも自由に参列させて、国家の威厳を中外にかがやかし給ふやうにあつてほしいが、大嘗祭はあくまで純国家的の祭祀《さいし》として、直ちにその根本の精神を繹《たづ》ね、原始の形式を追つて、簡朴はあくまで簡朴に、神秘はあくまで神秘に執り行はれんことを望んでゐる。

（『柳田國男全集』第二十四巻　筑摩書房　一九九九年）

資料五

「大嘗祭ニ関スル所感」抜粋

今回ノ御大典ノ儀制ヲ以テ今後永世ノ例トセラル、場合ハ勿論將來或ハ之カ改訂ヲ企テラル、場合ニ於テハ小官ノ如キ地位ニ在テ感シ且ツ疑ヒタル事項ヲ存録スルコトハ必ス有益ナルヘシト信シ衷心ヲ吐露シテ後ノ當局ノ用ニ供セムトス固ヨリ言論ノ責任ヲ辭スルモノニアラサルモ又徒ニ議論ヲ闘サムトスルモノニアラサルヲ以テ相成ルヘクハ祕封シテ後年ニ傳ヘラレムコトヲ希望ス

御卽位禮及ヒ大嘗會ハ舊都ニ於テ擧行セラル、コトハ　先帝陛下ノ深キ思召ニ出テタル儀トハ拜察スルモ若シ周到ナル攷究ヲ遂ケムト欲スル場合ニハ此點モ亦問題ノ中ニ入レテ考ヘサルヘカラス殊ニ御卽位禮ト大嘗祭トヲ同シ秋冬ノ交ニ引續キテ行ハセラル、ト云フ點ハ頗ル

考慮ノ餘地アル所ナリトス若シ登極令草案理由書ノ記スカ如ク經費ヲ節約スルカ其ノ理由ノ一ナリシトスレハ推理上兩式孰レカヲ新都東京ニ於テ擧ケラル、ノ可ナルヲ見ルニ至ルナキヲ保セス歴朝ノ前例ヲ見ルニ卽位禮ト大嘗會ノトキトノ間隔カ現制度ノ如ク接近セルモノヲ見ス蓋シ是ニハ十分ナル理由ノアルコトニテ卽位禮ハ中古外國ノ文物ヲ輸入セラレタル後新ニ制定セラレタル言ハ、國威顯揚ノ國際的儀式ナルニ反シテ御世始ノ大嘗祭ニ至テハ國民全體ノ信仰ニ深キ根柢ヲ有スルモノニシテ世中カ新シクナルト共ニ愈其ノ齋忌ヲ嚴重ニスル必要ノアルモノナルカ故ニ華々シキ卽位禮ノ儀式ヲ擧ケ民心ノ興奮未タ去ラサル期節ニ此ノ如ク幽玄ナル儀式ヲ執行スルコトハ不適當ナリト解セラレタル爲ナルヘシト信ス

（『定本　柳田國男集』第三十一巻　筑摩書房　一九六四年）

資料六

「御發輦」（昭和三年）抜粋

今回の御大典のもつとも悦《よろこ》ばしき特徴は、第一にはこれに参与する国民の数《すう》の、いづれの大御門《おほみかど》の御時よりも、遥《はるか》に立勝つて居るといふことである。固《もと》より交通と教育との力ではあるが、如何《いか》なる山の奥小島の陰に住む者でも、一人《にん》としてつとに即位礼大嘗祭《だいじやうさい》の本旨を解して、これが天朝の国命を支配したまふべき根本理法の表現なることを知らぬ者は無く、独り空前の衆力を結合して、この神聖の事業に貢献せんとするのみでは無い。地遠くして御車《み》の影を望み得ざる者まで、各人一様の至願として、連日の御儀こと〴〵く森厳《しんごん》を極め、奉仕の

諸員何の落度も無く、終始戒慎して能《よ》くその職分を全うせんことを祈るのである。かくの如《ごと》き民心の統一は、恐らくは前代その類《たぐひ》を見ざるところ、単に古式に準拠し旧制を保存することをもつて、即《すなは》ち廟堂《べうだう》文華の面目なるが如く解する人々は、改めて更に大に学ばねばならぬ点である。

（『柳田國男全集』第二十七巻　二〇〇一年）

資料七

「大嘗祭と国民」（昭和三年）抜粋

しかも我々が更に心を動かす一事は、これほどよく成長して常に時と適応せんとする儀式の奥底に、なほ万古を貫通した不変の約束が、幾筋ともなく認められることである。その中の最も重要なる一つは、至尊陛下が御身親ら執行はせたまふほどの国の大祭に、村で繰返して来た秋ごとの祭礼と、大小の程度には固《もと》より格別の相違があるが、全く方式を同じうする点の存することである。近ごろの改定祭式では幾分かこの類似を減じたかも知れぬが、これを百姓の古風に任せて置くと、期せずして朝儀の御跡を逐《お》うてゐるのであつた。例へば私が福島県の或町で逢《あ》うた祭礼には、明かに神饌の行立があつた。二親の揃《そろ》うた穢《けがれ》のない男女、各々頭の上に御飯《いひ》神酒《き》魚鳥の類を載せて、社務所から殿前まで続いて進むところに供御の豊かさを表はしてゐる。それから小忌衣《みころも》の袖《そで》に染出す花の枝や、冠にかざす日蔭蔓《かげ》の如きも、僅かづゝ形をかへて常に祭に仕ふる者の最小限度の作法であつた。物忌の考へが次第に薄れて、無心に神の前に出ることを人も省みぬ時節になつても、外観に現はれたるこの神聖なる徽章だけは、どうしても除き去ることを得なかつたのである。これを優美ともまた高尚とも感ずることは、いはゞ東方の人種のみに、附いて離れぬ一つの気質であつて、それが転じては各種の技芸、日常習慣の上にも、まだ色々と残つてゐることを、かういふ機会に始めて心付く者は多からうと思ふ。

（『柳田國男全集』第二十七巻）

資料八

「稲の産屋」（昭和二十八年）抜粋

①朝野二つの祭式

古史の文は、幾たびか読み且つ味はつて見なければならぬ。たとへば皇極紀の元年十一月丁卯（十五日）の条に、天皇御新嘗（……ニハナヒをきこしめす）、又是日皇太子大臣各自新嘗（……ニハナヒしき）とある。是は霜月下卯の日を用ゐられた最古の例と認められ、又天皇即位の第一年なるが故に、後世謂ふ所の践祚大嘗祭のことゝ思つた人もあらうが、もしも是が延喜式第七巻に列記せられたやうな大規模のものだつたならば、同じ日に大臣たちが家に退いて、各自の族の祭を営み得るわけが無い。それよりも更に大切な問題は、この日の祭の式典は、果して同じ名を以つて呼び得るほどに、民も大御門も似通うて居たらうかといふ点である。令制以後に於ける公けの新嘗には、少なくとも常人の模すべからざる特色が幾つか有つた。最も見落し難い大きな差別は、皇室が親しく稲作をなされざりしことである。供御の料田は十分に備はつて居ても、それを播き刈る者は御内人では無かつた。殊に大新嘗には国中の公田を悠紀主基に卜定して、其所産を以て祭儀の中心たるべき御飯の料に充てられることになつて居た。それが何れの代からの定めかは、政治史の問題に帰著するが、すでに億計弘計二王子の潜邸の御時にも、伊予の久米部に属する一宮人が、大嘗の供物を集めに、播磨の東隅の村まで来たといふ記事もある。是等は到底尋常地方に割拠する大小の農場主たちの、企て及ぶ所では無かつた。此点が先づはつきりとちがつて居る。

②国々の相嘗祭

七十一座の神々に進らする相嘗祭への幣物に、種目数量の若干の異同があつたことは、何かそれ〴〵の理由が有つた筈だが、それを攷へて見る力は今の私には無い。たゞ一つ注意をせずに居られぬのは、此中には布帛食品器具等の他に、酒の稲五斗又は一石といふまでも備はつて居りながら、たゞ御飯に炊く稲一種のみは何れにも見えない。是だけは恐らくそれ〴〵の社に属する神田から刈上げて、必ず其祭の用に宛てるだけで無く、いはゆる相嘗の貴とい役に奉仕する神主たちも、元は必ず其田を管理した戸主《へぬし》、郷長又は人このかみと呼ばれるやうな、一定の農民の中から出て居たものと思ふ。天が下の田を悉く公田とする原則は久しく動かなかつたけれども、それとても制定の始めがあつた。畏れ多い推定ながら、天の長田といふやうな大切な稲栽培地が皇室にも属して居て、年々の斎田を卜定なされる必要は無い時代が遠い昔にはあり、所謂大新嘗は後代の各地の相嘗と、もう少し近いものだつたのではあるまいか。二つの祭の殿を並べ構へることは、朝廷の大新嘗の著しい特徴であるが悠紀が斎忌を意味し、主基が第二のものゝ名だつたとすると、是も亦天地陰陽二極の思想に基づいて、制度として新たに設けられたものでは無かつたらうか。それが軽々に断定すべきものでないとすれば、結局この一点のみが、問題として永く残ることになるであらう。

③朝野二つの祭式

それよりも更に重要な差別は、この日に迎へ拝せられる神々についての考へ方であつたらう。是までの普通の解説では、至尊が其年の新穀をきこしめすに際して、御親ら国内の主要なる神祇を御祭りなされる式典として、疑ふ者も無かつたやうだが、もしそれならば是は朝廷の御事業であつて、個々の稲耕作者たちの問題で無く、嘗の祭の一般共通性などは、考へて見る余地も無いわけである。神祇といふ言葉は、今は至つて心軽く、範囲を明らかにせずに用ゐられて居るが、本来は天神地祇、或は天社国社と謂つたのも同じで、つまりは斯邦の有りと有る家々に、斎き祀り申す神々の総称といふべきものだつた。如何に信心の複雑化した時代でも、個々の一家の力では、為し遂げ得ることでは無く、又其必要も無く、権能も有り得なかつた。即ち此点では明かに、皇室の新嘗が普通とは異なつて居たので、我々は先づいつの世から、何によつて斯うなつたかを考へて見なければならぬ。

④世に伝はらぬ旧儀

たとへばこの大嘗の日の神殿の奥に、迎へたまふ大神はたゞ一座、それも御褥御枕を備へ、御沓杖等を用意して、祭儀の中心を為すものは神と君と、同時の御食事をなされる、寧ろ単純素朴に過ぎたとも思はれる行事であつたといふに至つては、是を一社にしてなほ数座を分ち、それ〴〵に幣帛を奉進したといふやうな、いはゆる天神地祇の敬祭と同日に語るべきものではない。名ある近世の学者が口を揃へて、この際に全国の有る限りの神々の御祭なされるかの如く説いて居たのは、主として神祇官系統の文献に依り、別に文字以外に伝はるものを、顧慮しなかつた学風からであらうが、一方は又制度の統一、言ひ換へれば或一国の完備した制度文物に、同化しなければならぬといふ政治思想の流弊でもあつたかと思ふ。古事類苑といふ類の記録の集積は大きいが、大部分は個人の見聞記憶、それも今後の機会の為にそれ〴〵の所役の心得になることを書き留めようとしたものばかりで、何故に是だけの珍らしい慣行が伝はり守られ、しかも内と外と、昔と今との解説が変つて来たかを訝り尋ねようとしたものが、有つたのかも知らぬが残されては居ない。文字に忠誠なばかりに記されざるものを看過し、後世の誤れる解釈を成長せしめたのは、官人たちよりも寧ろ学者の責であつた。

（『柳田國男全集』第二十一巻『海上の道』一九九七年）

参考文献

赤坂憲雄『象徴天皇という物語』筑摩書房　一九九〇年
谷川健一『大嘗祭の成立』小学館　一九九〇年
平野孝国『大嘗祭の構造』ぺりかん社　一九八六年

付記＝本稿は、一九九〇年十一月二日の鎌倉柳田国男研究会・鎌倉市民学舎合同特別講義の講義録であり、鎌倉柳田国男研究会（現鎌倉柳田学舎）の『谷戸通信』一九九〇年十二月十一日号（第十二号）に掲載されたものを転載した。転載にあたっては誤字等若干の修正を行い、資料は最新の出版物を基本に整理した。

六　常民大学の軌跡

常民大学の軌跡
――自分たちのお金と意思によって運営する

髙橋寛治

1　はじめに

私たち全国に広がる常民大学への参加者は、それぞれの地域に学びの場を開き、後藤総一郎先生の指導のもとで学習活動を続けてきた。今回、先生の講義や著作の中から、後藤学の真髄をなす「ことば」を拾い出し、ここに語録として発刊することとした。

改めて一つひとつの著作を読み返してみると、後藤先生に導かれて学び続けた常民大学の思想は、先生が当初予測していた以上に多角的であることに気づく。先生は出身地である長野県の遠山や飯田、自宅のある鎌倉はもちろん、立川・遠野・邑楽・磐田など、それぞれ思想や価値観の異なる学習組織と関わり、「一期、十年間は続けよう」と私たちに呼びかけた。そこで学ぶ基本は柳田国男の生涯や著作の研究なのであるが、その底辺には自らが生活者として地域の中でつかみ取った課題を、共同学習の中からまちづくりの実践へ繋ぐものであった。そのうえ、視点は常民が培った「野の学」が根底に流れていた。

後藤先生は、学問は外から与えられるものではなく、それぞれの地域で生活する私たちが運営し学ぶ、内発的な活動を旨とした。この学問が根付くための下へ下へと向かう運動は、労多くして、結実に時間を要する道の選択であったが、先生は旅立たれる日まで常にその道を歩かれてきた。

今、常民大学運動は主宰講師を持たない世界へ足を踏み入れた。しかし、各地の取り組みは継続し、具体的な地域の課題の解決へ軸足を移している。その時、改めて気づくのは、この常民大学が始まった頃に、柳田国男の学績の研究と思っていた会員も、いつしか「柳田学」から後藤先生のフィルターが組み込まれた「後藤学」へと視点を移し、思想史を織り込んだ独自の学問風土に取り込まれていたことであった。

2　思想史から見た近代

「後藤学」へ足を踏み込むにあたって、明治近代を構造的に学ぶことは、それ以降の学習を進めるうえで大きな指針となった。明治の初期は、海外からの外圧と不平等条約を払拭する中で、国家の民として欧米の文明をすくい取り、歩みを止めることなく近代の坂を登り続けた時代であった。

江戸時代末期、各地に広がった国学運動では、日本また日本人とは何であるかが問われ、明治新体制の中で現人神としての天皇を中心として国家体制の礎をなしていった。これらから近代とは何か、国民とは何かを考える学習の積み重ねが大切であった。明治中期の自由民権運動や国会の開設など、新しい国づくりに取り組んだ近代日本は、身近な教育制度をみても、小学校令から帝国大学令までの組織を整備し、国家が必要とする知のエリートを帝国大学へ集積、師範学校により天皇制を中心とした国体を伝える教師の養成、教科書検定制度による思想の統一、教育勅語による天皇制への修練など実に構造的に近代が組織されていた。これらの事実は、学校で学んだ歴史とは一線を画す近代の実像と言える。

ロシアの南下政策とともに、国家の矛先は明治期末期の二つの大戦となり、特に日露戦争においては一つ一つの戦術が功を奏して勝利の印象を国民に与える結果となったが、国家財政は行き詰まり地方の衰退にたいして、国はそのエネルギーを地方改良運動に持っていかざるを得なかった。市町村の財政基盤の強化、勧業の推進や報徳社運動が取り組まれ、具体的なテーマが「町村是」、つまり現在のまちづくりであった。

これら近代を形作った思想の中から、歴史の必然性をつかみ、このことが柳田国男の著作から地域を考える時にも、一つひとつの事象と地域全体の歴史を組み合わせて見る目を養った。

3　変革期と学習活動

このように、明治末期の事実から常民大学を述べるのは、常民大学運動の根底をなすものには、このような変革期における市民の思想と運動が底辺にあるからである。言うまでも無く後藤総一郎先生は明治大学の時から学生運動のリーダーであった。一九六〇年代の砂川闘争から安保闘争へ参加し、国の大きなエネルギーの前に挫折感や敗北感を抱く中で、恩師、明治大学の橋川文三先生に出会い、「君たちは、柳田国男を読んだことがあるのか、柳田も読まず常民（大衆）の現在も知らずに、何が挫折だ」と叱咤された事実、そこから柳田国男の『日本の祭』などを通して民衆の歴史に傾注してゆく姿は、「現在の民話」とも言うべき「後藤学」の始まりであった。

4　寺小屋教室での産声

後藤学の最初の一歩は一九七二年七月、東京の高田馬場の「寺小屋教室」で柳田国男を学ぶ学習組織が生まれたことに始まる。連合赤軍事件が明るみに出て、全国の学園紛争が潮の退くように消え去り戦後のエネルギーが消滅するなかで、各地に広がる常民大学や柳田国男研究の原形はここから生まれたといえる。そこでは谷川健一・宮田登・芳賀登の諸先生とともに「柳田国男の世界」を学び、翌年以降に後藤先生が主宰講師となって続けた柳田国男研究の中に、常民大学運動の学習や出版活動の祖型もある。

その当時、柳田研究を始めていた後藤先生の基本は、「学問は庶民のものでなければならない」という信念であろう。この「寺小屋教室」に端を発し、柳田国男研究会は土曜日ごとに柳田国男の作品研究から伝記の研究へとつながり、残った十一人が柳田の研究家として育ち、橋川先生の宿題を念頭に分担執筆をした結果、千二百ページに近い、大冊『柳田国男伝』（三一書房　一九八八年）となった。十五年の時間をかけ、自発的に集まった若い研究者の集団を専門家のレベルに持ち上げるのは、後藤先生の手法であり、このことは続いて取り組んだ『南信濃村史 遠山』（南信濃村史編纂委員会刊　一九七六年）にも引き継がれた。

5　市民参加と地域

寺小屋教室からスタートした後藤先生の学問は、先生自身が育った『南信濃村史 遠山』を村民自身が書くことから、地域の未来を考える学習活動として広がった。東京で始まった柳田の研究が遠山という地域、飯田、浜松、遠野などの地域の抱える課題と学問がどのように向き合うか、この「地域」という新しい課題がこの編集作業の中から育ってきた。村史の出版までには、時間が無い、書き手が進まない、お金が無いなど現場の苦労を後藤先生からうかがっていたが、出版された直後には初版二千部が完売し、地方史では聞いたことが無い二刷をおこなうおまけが付いた。

この取り組みは磐田市が取り組んだ『天竜川流域の暮らしと文化』の中で、流域全体で取り組む広域執筆体制に広がり、さらに二十年後の『天龍村史』で大きく結実した。後藤先生の全体の監修と自ら執筆した「平岡ダム建設史」への作業を通じて、地方史の編纂に独自の市民参加の手法が実を結び、飯田柳田研究会からも多くの会員が参加した。

これらのことは、後藤先生の常民大学に対する「この会の目的は、原理的なものを明らかにするという研究営為を通して、自らの中に自らの思想を作り上げていく」とする思想形成や、そのためには「講義を中心に共同研究が基本である」との示唆を出版という形で実践したものと言える。もちろん我々がどのような立場にいて、どのように活動をしようと、常民大学の中心をなすものは共同研究を続けることであり、そのような学習が根底にあってこそ、近代の市民として地域を担いまちづくりに参加しうるのであろう。

しかし現実には、きびしい環境の中で時間を作り、原稿を作成・発表、難解な文章の解読や意味の吟味など、いくら時間があっても足りるものではない。しかし、その困難を超えて地域の本質やあるべき姿をつかみ取ってこそ、現在のまちづくりやむらづくりの基礎となる後藤学と言える。

6 常民大学と公民館活動

これら各地の常民大学運動を初期に仲立ちをなしたのが公民館活動であった。一九七〇年代、どこの社会教育の現場でも婦人学級や高齢者学級など、学習活動を開講するようになっていた。しかし、その現実は受講生を集め講師の話を聞くだけの、実に受動的な学級運営がなされていた。しかも無料で開講しても参加者が集まらない。これらの現実に対して、公民館へ住民が積極的に係わり、一人一人が主体的に地域を考える取り組みが出来ないものか、悩む公民館主事が各地にいた。この当時、後藤先生は公民館活動との連携も視野に入れていたようで、社会教育推進全国協議会の大会へ参加し、自分史をまとめることを通して、現在の生き方を反省し幅を広げる提案をしていた。

しかし公民館とのかかわりに対して、私が公民館での連続講演会をお願いできないか相談したところ、答えは「無理だよ」と明言なさった。一人の講師の講座を公の機関である公民館が続けることは無理、出来ないと判断された。公民館から依頼を受け講演を行うことがあっても、それは「種まき」であり、種が自らの力で学ぶ場を作らないかぎり、言い換えれば

「公」を頼る限り自らの学問は育たないと先生は考えていた。また、一人の決まった講師が講座を続けても、市町村のように首長が変わり、その方向を意識する組織は必ず問題を起こすと確信を持たれていた。

7　遠山常民大学

その中で、遠山（現飯田市南信濃）で開催されていた遠山常民大学は、『南信濃村史　遠山』に関わったメンバーが中心となり、近代の歴史を知ることから村民自身の自己認識を引き出す取り組みであった。この遠山常民大学の活動は、山間の小さな町の大きな取り組みとして各地から注目され、私自身も二千メートルの峠を越えて通った一人であった。

初めて出向いた日の南信濃の老人福祉センターは活気づいていた。新聞社が取材に訪れ、私と同じよそ者と思われる参加者が目に付いた。しかし常民大学の運営委員は快く学習の場を私たちにも開放し、そこで聞いた近代思想史の系譜は今でも鮮やかに思い出される。参加者に新しい学問の一ページを拓いた講座であった。

その後、茅ヶ崎常民学舎による『地球がまるごと見えてきた！』が出来上がり、それを手にした時には、出版活動により地域や個の自立の重みを目の前にした。これ以降、茅ヶ崎、浜松、富士見、飯田、立川、邑楽へと公民館活動との協働が広がるさきがけとなった。

8 常民大学合同研究会

このように活動が大いに盛り上がり、各地で常民大学が開かれるようになった中で、一九八三年八月六日に開かれたのが第一回六常民大学等合同研究会であった。後藤先生の生まれ故郷の遠山で開かれた。この会の冒頭で、後藤先生は第一回の交流会の意味を次のように述べている。

①生活者の学びである。

「まずその一つは、わたしたちの勉強会は、今回の試みのサブタイトルにもつけておきましたように、生活者の学びである、ということです。つまり学問をすることを専門とする、あるいは生業とする研究者ではない、そういう専門の研究者の集いではないということです。平たくいえば、普通に生活しながら、少しずつ本を読んだり、考えたりして、日常生活を続けながらまっとうに生きていこうという人たちの勉強会の集いであり、また今回の集いでもあるということです。かつて柳田国男が、普通の民を『常民』といいましたけれど、明治近代以降のわれわれ普通の生活者というのは、柳田のいう『常民』の延長での生活者ではあるけれど、しかし、かつてのように文字を持たなかった常民ではなくて、文字を持った常民であります。文字を持つということは、たんに読み・書き・そろばんができる『常民』ということだけではなくて、その文字を手だてとして生きていく、生活をひらく、心をひらく、世の中をひらいていくことができる『常民』であるということです。」「いいかえれば、かつて文字を持たなかったわれわれの先祖たちは、文字の代わりに、心を潔め、体を潔めて神に祈る、人間の力を超えた神々を祈って、その時々の飢えを克服しようとしてきた。その信仰に代わって、文字を通して文字を手だてにしながら本を読み、考え、過去の歴史をふりかえり、そこから未来のことを考えていく、そのような『常民』が今日の『常民』であろうかと思います。」「そしてわたくしたちは、学んだことを、たんなる物識りとして終わらせるのではなく、それを日常の生活に溶け込ましていく、家庭や企業や、あるいは地域の共同体の中に溶かし込んで、少しでも明るく伸びやかに、確かに生きていくことに役立てていきたいと願っている勉強会であるということを確認できるかと思います」。

②歴史を勉強する。

「第二の問題は、文字を手だてに学ぶということですが、その学ぶ方法が、今までの勉強会とは少し違う。近世、明治近代以降、そして戦後においても、たくさんの勉強会がありました。しかし、わたしたちの学びの方法というのは、徹頭徹尾、歴史を勉強するということを中心においておりまして、歴史を勉強しながら、自分の人生とか生活とか社会とかを考えていこうとする。また、その歴史の勉強の仕方が、たんに事実史としての歴史を勉強するというだけでなく、いまひとつ過去を過去として洗うという歴史学の方法ではなく、自分自身の過去をふりかえる。自分自身とは何か、ということを見極めていくために、つまり、自己認識のために、自分の過去を洗いなおしてゆく。『なぜわたしはこんなに不幸だったのか』『なぜあのときは幸福だったのか』。そのようなことを、地域の歴史、つまり社会の歴史を洗いながら、地域の不幸、あるいは幸福として考えていく。それをさらに日本の歴史、人類の歴史に繋いでいく。このようなトータルで、構造的な見方の中で己れを、そして世界を考えていく。このような、特殊から普遍へという考え方の道筋に立ち、わたしたちは、自分を知り確かなものにしていくための勉強として歴史を勉強していくのであり、またその仕方として、自分史・地域史・人類史とを繋ぐことをつねに頭に置きながら勉強していく。そのことが結果として、内面倫理とか、主体的な自由をもった人間像を作っていくことになるのではないか、という期待をこめて学びあっているとわたしは考えてきました。また皆さんもそうだろうと思います」。

③地域へのこだわり。

「第三は地域にこだわる、地域にこだわり続けるという人たちの学びであるということです。生まれ育った、あるいは今住んでいる地域を、愛しく思い、その土地にこだわり、その共同体をよくしていこうとしている人たちであり、そのための勉強を歴史を通してしているのです。たとえば、遠山でわたしたちが一九七七年の秋に勉強会をはじめようとしたのは、確かにその前年一九七六年暮れに村史が発刊され、それを一つの契機として、親しい友人たちと、村をよくし、少しでも生活をよくしていくためには、猫の目のように変わる明治近代以降の農政や行政の在り方ではなく、不滅の、つまり百年の大計を見通せるような村の産業、文化や社会の在り方が見極められるようにしたい。つまり、過去を見すえて未来を考える必要があるということから、村の歴史を日本の歴史を勉強しようということになったわけです。そして、昭和四十年代の第一波の過疎ではなく、やがて訪れる第二の過疎に対し、その土地に生まれ育ち、その土地を離れることができない村人の中から出てきた思いが、遠山常民大学開講の契機だったといえましょう。」「その波紋、つまりその理念や情熱が、あちこちに伝わり、のちほど各グループから研究報告があろうかと思いますが、この遠山の地でこういう勉強会が始まったということのある種の衝撃や共感が他の地域にも波紋を描いていって、今日六つに拡がっていったのではないかとわたしは感じたりしています」と常民大学の目指すべき基本を提案された。

9　四つの柱

そのうえ、その席において常民大学運動における具体的な運動の柱が確認された。第一は単なる義理や形式的に集まったメンバーより、呼びかけに応じて、内発性、主体性に基づいて集まった人々によって開かれる勉強会であること。第二は自前主義。後藤先生がよく言っていた身銭主義である。自分の心を養うために自分で働いたお金でまかなってゆく財政運営。第三は運営委員会でも世話人会でも、互いに助けあって当番を果たす自主運営であること。第四は一回、二回の講演ということではなく、系統的で長期的な展望に基づいた学習を続けることであった。これらのことは今も受け継がれているが、主体的に集まる人の減少と全体的な高齢化が大きな悩みとなっている。

10　常民大学の展開

柳田国男研究が東京から生まれ、公民館活動と手を携えたところから各地へ広がり、後藤先生の「常民の自己認識に役立つ」との志に導かれて、各地で運営委員会が開かれた。ここで共通していたのは、江戸末期の国学や大正期の自由大学運動と共通した身銭による学習であり、先ほどの合同研究会で後藤先生が話されたように、参加者は「身銭主義」「運営委員会の設置」「会報の発行」などを守り、後藤先生は予め一年間の「カリキュラムの提示」を旨とした。

また取り組み方も、当初の講義形態から会員のレポートへ、さらに地域にこだわりを持つ中から町や村の将来を考える研究発表へと変化した。また、後藤先生の「自分のテーマを持って、一冊ずつ本を書く」ことが理解できるようになり、研究会での発表を共著の形で本としてまとめる常民大学が増えた。

その作業の中で、さまざまな職業や世代の人が共同学習をすることによって、互いに悩みを語り合い理想をぶつけ合う。学問を媒体とした新しい人間関係や友情を紡いでゆくことが地域での学びの理想として固まってきている。

11　柳田国男の学問

柳田国男の学問の大きな主題は魂の行方を明らかにすることであろう。『先祖の話』によれば、日本人は昔から、死ねばその霊は、家の裏山へのぼっていくことをごく自然に信じていたと語っている。この神の発見、すなわち私たち日本人の信仰の意識を明らかにし、日本や日本人とは何かを考えることが、われわれの基本であろう。

その具体的な仮説や手法としては「周辺から中央へ」また「中央から周辺へ」という方法論も見られる。これらの仮説に対して、我々の学問は柳田国男が発掘したものを具体的な作業を通して、現在の生活の中で確認をしてゆくことではないだろうか。つまり事実と言う形で柳田が学問の中核にすえた常民の知恵を、具体的な地域と結び付け解決の糸口を摑み取る。これが常民大学の方法論であるとともに、柳田国男が出来なかったことであろう。

12　注釈本を通して学ぶ

いま、後藤先生は旅立たれ私たちは自分の足で立つことを求められている。各地の共同研究の中では注釈の作業が続いているが、これは注釈という活動を通して常民大学の対外的発信の一部を会員自身が担う作業である。この意味を東京学芸大の石井正己先生は「それは『柳田国男伝』を補う、それを地方から明らかにする意味があるのではないか」と語っている。『柳田国男伝』という柳田国男研究会の成果をバイブルとして、それに対して各地に埋もれている広範な資料を掘り起こして、それを会員が自分の作業の中から書き加えてゆく。それはまさに「生活者の学問の実践」といえる。

13　おわりに

今までの常民大学の活動では、私たちはともすると教えられる者と思ってきた。後藤先生をはじめ講師の先生方がいて、その下に私たちがいる。教える人と教えられる人という幻想が生まれていた。

いま主宰講師はいなくなり、常民大学は自らの足で立つために、どのような選択を行うか活動の意味が問われている。新しい講師を探す研究会もある、また、自ら中心となって学問を拓く研究会もある。このことは、どのように進めたら良いか、私たち自身が考える時代を歩いていると言える。この時、各常民大学の期間に長い短いはあっても、直面している課題に、「後藤学」の中から摑み取った思想や手法を広げることは大きなテーマである。

ある方が後藤先生は「課題を与える名人だ」と言っていた。常民大学運動から「民衆が自分の歴史を知って、自己認識をして未来を切り拓いてゆく」。これは「後藤学」を引き継ぐ我々が永遠に取り組み続けなければならない意思といえる。

今回は常民大学が始まった頃に立ち返り、その仕組みを確認してみた。これからも民俗学の中では、過去を学び未来の生活の道筋を明らかにすることが求められる。後藤総一郎先生から学び取った「後藤学」とは、この現在を生きる科学として民俗学への先取りと確信している。

七　著作年譜

飯澤文夫・村松玄太編

凡例

- この目録は、飯澤が作成した「後藤総一郎先生著作年譜」（後藤総一郎追悼刊行会編『常民史学への視座』岩田書院発売　二〇〇四年所収）をもとに、その後の調査により判明した年譜事項・著作（講演、座談を含む）を追補したものである。著作については、単行本未収録分も含めて編年順に配列し直した。
- 著作論題末尾に左記の略号がつく場合、当該著作が収録された著書を示す。

《序》＝『柳田国男論序説』伝統と現代社、一九七二年
《常》＝『常民の思想―民衆思想史への視角』風媒社、一九七四年
《批》＝『天皇神学の形成と批判』イザラ書房、一九七五年
《展》＝『柳田学の思想的展開』伝統と現代社、一九七六年
《遠》＝『遠山物語―ムラの思想史』信濃毎日新聞社、一九七九年（一九九五年、『遠山物語』としてちくま学芸文庫に収録）
《郷》＝『郷土研究の思想と方法』伝統と現代社、一九八一年
《新序》＝『新版　柳田国男論序説』伝統と現代社、一九八二年
《論》＝『柳田国男論』恒文社、一九八七年
《国》＝『天皇制国家の形成と民衆』恒文社、一九八八年
《天》＝『神のかよい路　天竜水系の世界観』淡交社、一九九〇年
《地》＝『柳田学の地平線　信州伊那谷と常民大学』信濃毎日新聞、二〇〇〇年
《伊》＝『伊那谷の民俗と思想』南信州新聞社、二〇〇三年

- 本年譜は、各常民大学の会報等には、まだ十分に目配りが行き届いていない。この点については各位のご協力を得ながら補完を期したいと考えている。
- なお、本目録作成にあたっては、令夫人の後藤三枝子氏より先生の蔵書等の調査に惜しみないご協力を賜った。ここに厚く御礼申し上げます。

年（歳）	履歴	著作〈太字は単著〉
1933年（昭和8年）0歳	12月5日　長野県下伊那郡和田組合村（飯田市南信濃和田1111番地）に、父忠人、母もとの長男として生れる。戸籍名は惣一郎。	
1939年（昭和14年）6歳	4月　和田尋常高等小学校（1941年4月に和田国民学校と改称。現飯田市立和田小学校）に入学。	
1944年（昭和19年）11歳	7月30日　妹紀子（2歳）、当時流行した赤痢で死去。 8月8日　姉伝江（12歳、小6）、同じく死去。 8月14日　母（33歳）、同じく死去。自身も罹病し生死の境をさまよう。母姉妹への追憶を、三十三回忌にあたる1976年8月に『三十三年の墓標』として綴った。	
1946年	4月　和田国民学校高等科	

（昭和21年）13歳	（1947年4月に和田中学校と改称。現飯田市立遠山中学校）に入学。	
1949年（昭和24年）16歳	3月　卒業式総代。生徒が集めた建設資金を、「献金の辞」とともに村長代行に渡す。 4月　県立飯田東雲高等学校（同年5月に飯田高松高等学校に改称）に入学、同校の社会科学研究会に入会する。 ——近所の寺で開講された、農村運動家菊池謙一をチューターとする勉強会「金曜会」に入り、毛沢東、レーニン、マルクス・エンゲルスの『ドイツ・イデオロギー』の注釈研究など、3年間にわたって学んだ。	4月　献金の辞（1947年3月23日　和田中学校卒業式にて）『むらびと』
1950年（昭和25年）17歳	——高校2年の終わりから3年にかけて開放性結核にかかり通院療養。	
1951年（昭和26年）18歳	6月　第1回校内クラス対抗弁論大会で、「『きけわだつみのこえ』をくりかえしてはならな	

	い」で優勝する。 11月　郡内高等学校弁論大会で、同上テーマにより優勝。
1952年（昭和27年）19歳	3月　飯田高松高等学校卒業。
1955年（昭和30年）22歳	4月　明治大学法学部入学（1956年3月、病気のため休学）。
1957年（昭和32年）24歳	7月　砂川闘争事件に参加。——勤評反対闘争（〜1958年）に参加。清水谷公園のデモで先頭に立つ姿が、「日映ニュース映画」で上映され、父の怒りをかって一時仕送りを止められる。それを救ってくれたのは、豆か米を売って生活費を送ってくれた義母みさをであった。
1958年（昭和33年）25歳	4月　明治大学政治経済学部に転部。 10月　警職法闘争に参加（〜11月）。

1959年（昭和34年）26歳	4月 明治大学政治経済学部で「日本政治史」の講義を始めた橋川文三と出会う。遠山茂樹の『明治維新』をテキストに用いた「明治維新論」に強い感銘を受ける。「歴史学」は木村礎に学んだ。 ——明治大学学生会中央執行委員会副委員長、全学連中央委員。 7月 広島市で開催された第5回原水爆禁止世界大会に明治大学学生代表として参加。 ——安保闘争に参加。	3月15日 原爆製造実験「それは盲腸論」ピカドン・広島の実感「明治大学学生新聞」
1960年（昭和35年）27歳	4月 橋川ゼミ（2期生）に入室。丸山眞男の『現代政治の思想と行動』を熟読し、政治思想の世界に魅せられる。 ——明治大学学生会文化部長。	11月 革命の姿像（Ⅱ）全学連の発想法を撃て『駿台論潮』49
1961年（昭和36年）28歳	——この年に刊行された橋川と同期の神島二郎の『近代日本の精神構造』を読む。同書や、橋川から教えを受けたことが日本政治思想史研究の道に進む契機と	4月 〈学生運動論〉〃怒り〃を明日に定着させるために『駿台論潮』50

なる。
——鶴見俊輔編集代表『日本の百年』（筑摩書房、1961～62年）の、橋川担当分の資料収集、口述筆記を手伝う。

1962年（昭和37年）29歳

1月　橋川から、学生運動は民衆史をないがしろにしているとの批判を受けるとともに、柳田国男の『日本の祭』を薦められ、生涯に及ぶ影響を受ける。
——思想の科学研究会の松本市壽に誘われて、鶴見俊輔が主宰する文化サークル「記号の会（第3次）」に参加。
4月　明治大学大学院修士課程政治経済学研究科政治学専攻入学（指導教授・秋永肇）。
11月「学生商品論」とその発想に基づく一連の論文により第1回塚本賞受賞。同賞は明治大学新聞学会が、1961年に26歳で亡くなった元同紙編集長塚本広太郎を記念し、明大関係者の優れた評論活動に贈ることを目的に設定したもの（表彰式は

11月1日　学生商品論——その視座構造と思想史的意味「明治大学新聞」
11月　現代学生の転向論『駿台論潮』56

	1963年2月）。	
1963年（昭和38年）30歳		5月　アウトローの原型と実像『駿台論潮』57
1964年（昭和39年）31歳	3月　政治学修士取得。 4月　明治大学大学院博士課程政治経済学研究科政治学専攻入学（指導教授・藤原弘達）。 ――駿台論潮創刊20周年記念事業「記録・明治大学戦後史」編纂委員会常任委員（～1968年）。	1・2・4月　柳田国男の思想と学問『思想の科学』《序・論》 4月　変革への一つの視点　私的根からの思想『駿台論潮』59・60合併号 8月22日　宮本常一『民俗のふるさと』（書評）「南日本新聞」《序》 12月10日　日本の教育　教育を支える近代日本の精神的風土（特集・教育）『駿台論潮』62
1965年（昭和40年）32歳		1月　柳田民俗学における生涯の象徴『思想の科学』《論》 6月17日　柳田国男の思想と学問　補論「明治大学新聞」《序・論》 7月24日　池田弥三郎・宮本常一・和歌森太郎編『民俗学のすすめ』（書評）「図書新聞」《序》
1966年（昭和41年）33歳		4月2日　石田英一郎『新版河童駒引考』（書評）「図書新聞」《序》 6月　実感を武器に歴史をつくりかえた学生群像（特集・学生であること）『思想の科学』51

		10月　年表　笠信太郎編『日本の百年』社会思想社
1967年（昭和42年）34歳	3月　明治大学大学院博士課程政治経済学研究科政治学専攻退学（単位修得）。 4月　博士論文研究のため明治大学大学院博士課程政治経済学研究科政治学専攻に再入学。	3月　日本の教育　教育を支える近代日本の精神的風土（特集・教育）『三崎論潮』 6月　『明治大正昭和世相史』社会思想社　＊加藤秀俊、加太こうじ、岩崎爾郎と共著
1968年（昭和43年）35歳		6月29日　石田英一郎『人間を求めて』（書評）「図書新聞」《序》 8月1日　新しい愛国心の形成（特集・現代日本の目標）『自由』→改題「『愛国心』形成の歴史像」《序・国》
1969年（昭和44年）36歳		7月　パルタイへの忠誠と反逆『現代の眼』
1970年（昭和45年）37歳		2月　伊藤博文論『権力の素顔（明治の群像4）』三一書房　＊橋川文三と共編《批・国》 2月　北一輝と未完の革命『現代の眼』《批・国》 6月　村上一郎『北一輝論』（書評）『構造』《批》 12月　小中陽太郎『天誅組始末記』（著者への手紙）『現代の眼』
1971年		2月　柳田国男の少年体験『現代の眼』《序・論》

（昭和46年） 38歳		3月　柳田国男のロマン体験『現代の眼』→改題「柳田国男の青春体験」《序・論》 4月　戦後精神の暗部との対決『映画批評』→改題「家と土への回帰」《序・国》 5月　「僕」の歴史（特集・日本語を考える）『学燈』 5月　綱沢満昭『日本の農本主義』（書評）「日本読書新聞」《批》 5月　食べる文化史『たいよう（大洋漁業社内報）』
1972年 （昭和47年） 39歳	4月　東京教育大学農学部非常勤講師（～1977年3月。橋川文三からその座を譲られたもので、農業経済学特講Ⅳ「日本政治思想史」を担当。併せて、1976年度には大学院農学研究科修士課程で農村経済学特論Ⅳを担当）。 7月　東京高田馬場で行われていた寺小屋教室で、柳田国男研究講座開講、主宰講師。講座「柳田国男の世界」講師。谷川健一、宮田登、伊藤幹治も講師を務めた（1982年4月に独立し「柳田国男研究会」に発展）。	1月　柳田國男と折口信夫（対談・谷川健一と）『現代の眼』 4月　『明治大正昭和世相史　追補』　社会思想社　＊加藤秀俊、加太こうじ、岩崎爾郎と共著 4月　桜井庄太郎『名誉と恥辱』（書評）『出版ニュース』4月中旬号《序》 4月　松沢哲成『橘孝三郎』（書評）『出版ニュース』4月中旬号《批》 4月　柳田国男と常民・天皇制・学問『現代のエスプリ57　柳田国男』至文堂 6月　松本健一『北一輝論』（書評）『流動』《批》 10月　思想史における柳田国男への視角（特集・柳田国男の民俗思想とその位相）『ピエロタ』16《序・論》 10月23日　未決の柳田国男研究「日本読書新聞」《序・論》 11月　柳田国男研究への視角　後藤編『人と思想　柳田国男』三一書房《常・論》 11月　天皇制支配と禁忌（特集・共同幻想の根源）『伝統と

現代』18《序・国》

11月27日　臼井吉見編『柳田国男回想』（書評）「日本図書新聞」《序》

12月　『柳田国男論序説』伝統と現代社（現代ジャーナリズム出版会発売）、四六判、295頁、900円

（内容）Ⅰ（柳田学の思想と学問、柳田国男の少年体験、柳田国男の青春体験、柳田学と転向、思想史における柳田国男への視角、柳田民俗学における生涯の象徴）／Ⅱ（「愛国心」形成の歴史像、近代日本の教育とその精神風土、「家」の思想、「常民」に宿る天皇信仰、家と土への回帰、「常民」における戦争責任、天皇制支配と禁忌）／Ⅲ書評（臼井吉見編『柳田国男回想』、桜井庄太郎著『名誉と恥辱』、宮本常一著『民俗のふるさと』、池田弥三郎・宮本常一・和歌森太郎編『民俗学のすすめ』、石田英一郎著『新版　河童駒引考』、エリアーデ著・堀一郎訳『大地・農耕・女性』、石田英一郎著『人間を求めて』）／あとがき

12月　あとがき《序》

12月　『人と思想　柳田国男』三一書房　＊編

1973年（昭和48年）40歳

1月29日　常民と状況（「方位」6月18日まで6回連載）「日本読書新聞」《常・論》

2月　吉田松陰の思想的過程（対談・鹿野政直）『ピエロタ』18

2月　創刊号が生まれるまで『季刊柳田國男研究』1＊編

2月　柳田学の形成と主題（座談会　橋川文三・色川大吉・

川村二郎・谷川健一・伊藤幹治・宮田登と）『季刊柳田國男研究』1

2月　柳田国男との出会い（連載インタビュー　谷川健一・伊藤幹治と）『季刊柳田國男研究』1

3月　常民論ノート1『情況』《常・論》

3月10日　語りものの復権「図書新聞」《常》

4月　浪曼派少年の原図　橋川文三・その『日本浪曼派批判序説』の源流（特集・日本浪曼派・イロニイの論理）『ピエロタ』19

4月　『遠山論草稿』白鯨社　＊編

5月　「美意識と政治」（座談会　判澤弘・松本健一と　総特集・日本人の美意識――思想としての美の感性と論理）『伝統と現代』21

7月　「学ぶ」ということについて――Yさんへの手紙『寺小屋通信』3

7月6日　〝デラシネ〟からの自己回復「日本経済新聞」《常》

7月7日　帰去来情緒の思想「信濃毎日新聞」（1973年7月8日まで2回連載）《常・論》

9月　天皇制の政治構造――日本人にとっての天皇制とは何か（座談会　芳賀登・神島二郎と　総特集・天皇制――その起源・構造・歴史過程）『伝統と現代』29

9月　常民論ノート2『情況』《常・論》

9月　天皇信仰の心性構造（特集・天皇信仰と土俗宗教）『情況』→改題「『常民』に宿る天皇信仰」《国》

9月　柳田国男と北一輝「専修大学新聞」《批・論》

11月 昭和維新思想の根拠（特集・革命の神話と文学）『国文学 解釈と鑑賞』488《批・国》
11月「ムラ」の思想「信濃毎日新聞」（11月20日まで3回連載）
12月15日「村史」の方法『みなみしなの』《批》
——近代国家と常民『日本人の100年』19 世界文化社《常・論》

1974年（昭和49年）41歳

1月 在村的暴力の形成『現代の眼』《常・国》
1月28日 柳田国男と現代「毎日新聞」《常》
4月 南方熊楠と神社合併反対運動『季刊柳田國男研究』5《常・国》
4月 『遠山論草稿』白鯨社＊編
4月18日 帰去来情緒再考「読売新聞」→改題「帰去来情緒の思想 2」《常・論》
5月 在村的草莽者の思想と行動『伝統と現代』27→改題「幕末草莽者の思想と行動」《常・国》
6月 個性的な北一輝発掘・照明作業『ピエロタ』復刊1→改題「北一輝ノート」《批・国》
7月 フォークロアへの道 牧田茂編『評伝柳田国男』→改題「柳田国男におけるフォークロアへの道」《郷・論》
7月 思想史における民俗学『季刊柳田國男研究』6（同誌7まで連載）《批・論》
8月「草奔崛起論」の思想過程『吉田松陰全集 月報8』大和書房《批・国》
8月 **『常民の思想——民衆思想史への視角』風媒社、**

四六判、239頁、1200円、装幀・中矢恵子
（内容）Ⅰ（常民論ノート、近代国家と常民、柳田国男と近代日本、常民と状況、柳田国男と現代、柳田国男研究への視角）／Ⅱ（帰去来情緒の思想、帰去来情緒再考、転向と故郷回帰、「ムラ」の思想、〝デラシネ〟からの自己回復、語りものの復権）／Ⅲ（在村的暴力の形成、在村的草莽者の思想と行動、南方熊楠と神社合併反対運動）／あとがき

8月　あとがき《常》
9月　天皇神学の創出『伝統と現代』29《批・国》
9月20日　現代「常民」の可能性「東京新聞」《批》
10月2日　現代寺子屋の思想――原初に向かう知的気流「毎日新聞」夕刊
10月15日　遠山史断章――御射山祭の原初と今日「信州の東京」737《批》
11月　「階級」としての友情論「三和新聞」《批》
11月15日　現代祭考「日本経済新聞」《批》

1975年（昭和50年）42歳

1月14日　成人式考「信濃毎日新聞」《批》
3月　「物」の民俗への感情構造（特集・情況としての民俗）『公評』12―3《批》
5月4日　木曾馬哀歌「信濃毎日新聞」（5月7日まで2回連載）《批》
6月17日　柳田国男と現代「毎日新聞」（6月19日まで3回連載）《展・論》
6月　『共同研究　柳田國男の学問形成』白鯨社　＊編

7月　長谷川如是閑と柳田国男（総特集・思想史の柳田国男　柳田国男生誕百年記念）『伝統と現代』34《批・論》

9月　**『天皇神学の形成と批判』　イザラ書房、四六判、277頁、1500円、装幀・黒沢充夫**

（内容）Ⅰ（天皇神学の創出、「草莽崛起論」の思想過程、伊藤博文論、明治国家の権力像）／Ⅱ（北一輝と未完の革命、北一輝ノート、昭和維新思想の根拠、柳田国男と北一輝、書評（村上一郎『北一輝論』、松本健一『北一輝論』、松沢哲成『橘孝三郎』、綱沢満昭『日本の農本主義』））／Ⅲ（思想史における民俗学、長谷川如是閑と柳田国男、現代常民の可能性、「階級」としての友情論、現代寺小屋の思想、成人式考、「物」の民俗への感情構造、現代祭考）／Ⅳ（信州の思想、「村史」の方法、遠山史断章、木曾馬哀歌）／あとがき

9月　あとがき《批》

9月11日　中央道開通の思想的意味「信濃毎日新聞」↓改題「道の思想」《郷》

9月15日　差別語と差別――差別の民俗史的原図（特集・マスコミの用語規制をめぐって）『公評』12―9

10月　60年代転向の位相（特集・60年代の思想史）『思想の科学』53

11月14日　死後5年のアイロニー（座談会　大久保典夫・菅孝行　特集・三島由紀夫は蘇生するか）『朝日ジャーナル』17―49

11月　柳田国男の経済思想『エコノミスト』臨時増刊《展・論》

12月　民俗の宝庫・佐渡の原風土『民俗の旅――柳田国男の世界』読売新聞社《展・論》
12月　自己否定の歴史学の創造　色川大吉『ある昭和史自分史の試み』（書評）『すばる』22→改題「色川大吉論」《展》

1976年（昭和51年）43歳

4月　明治大学政治経済学部兼任講師（日本政治史担当。～1981年3月）。

1月　大正期民衆のナショナリズム（総特集・ナショナリズム）『伝統と現代』37《国》
1月　柳田国男の経済思想『伊那』570（『エコノミスト』1975年11月臨時増刊号から転載）《展・論》
3月　現代縄文文化考『日本の屋根』《展》
4月　霜月まつり『季刊　信州の旅』16春
5月　柳田国男と戦争『歴史公論』《展・論》
7月　郷土史編纂の理念と方法『ジュリスト増刊　総合特集4「開発と保全」』《郷》
7月　風土の変貌――柳田国男の「風景論」から　前掲誌《展・論》
7月　色川民衆史学の原点　色川大吉『明治精神史』下、講談社（講談社学術文庫）→改題「色川大吉論」《展》
8月　**『三十三年の墓標――母・姉・妹の三十三回忌法要の記念に』私家版（手書謄写刷）、B5判、15頁（内容）（一）戒名／（二）遺影／（三）家系（抄）／（四）母と姉と妹の生涯／（五）母への報告（三十三年の手紙）**
9月　昭和民衆精神史ノート（総特集・昭和思想――戦前・戦中）『伝統と現代』41《国》

11月『柳田学の思想的展開』伝統と現代社（現代ジャーナリズム出版会発売）、四六判、228頁、1300円（内容）序（柳田国男研究の展開）／Ⅰ 柳田国男の学問と思想（柳田国男と現代、柳田国男の結婚、柳田国男の経済思想、柳田国男と戦争、柳田国男紀行）／Ⅱ 柳田学と風土・伝統・文明（風土の変貌——柳田国男の「風景論」から、伝統と文明——その思想史的視角、地方学の形成——柳田民俗学の原点、色川大吉論）／Ⅲ 自己史の視角から（霜月まつり、現代縄文文化考、イメージとしての「遠山」）／あとがき

11月 柳田国男研究の展開《展・論》

11月 柳田国男の結婚《展・論》

11月 伝統と文明《展・論》

11月 あとがき《展》

12月 **『南信濃村史 遠山』長野県南信濃村 ＊編纂顧問**

12月 イメージとしての遠山『南信濃村史 遠山』南信濃村

12月30日 郷土研究の思想と方法「信濃毎日新聞」《郷》

1977年（昭和52年）44歳

11月「遠山常民大学（長野県下伊那郡南信濃村）」開講、主宰講師。

2月11日 民主主義の視点——日本的構造「信濃毎日新聞」（1977年2月19日まで5回連載）→改題「戦後民主主義と地方への視座」（エピローグ・プロローグは新稿）《郷》

3月 象徴天皇制と地方自治の構造『地方自治職員研修』《国》

4月 柳田国男と平田篤胤『新修平田篤胤全集』第9巻月

		報《郷》 5月　近代日本の教育とその精神的風土（立身出世）『現代のエスプリ』118 7月　歴史形成の主体とエネルギー（総特集・閉塞の時代――往復書簡による現代情況論の試み）『伝統と現代』46 8月　国体論の形成――その思想史的祖型「歴史公論」3―8《国》 9月　ノスタルジアの感情構造（三和教養講座第1回）・共同体と個（同第2回）・「柳田国男の人と思想」について（同第3回）『Q』10 10月　方法としての「地方」『季刊地域と創造』3《郷》 10月　提唱！　方法としての「地方」の確立を（論争シリーズ3　地域の思想を求めて）『地域と創造』3→改題「方法としての『地方』」《郷》 10月　『柳田国男と飯田』市立飯田図書館＊武田太郎と共編 11月　「一人前」と共同体『青年心理』《郷》 12月　現代故郷考（特集・故郷を想う！）『ヤングプラザ』 12月20日　近代日本と情念『近代風土』1《国》
1978年（昭和53年）45歳		4月　「ムラ」にこだわることの意味（「総括と提唱」の上条宏之氏に答える）『地域と創造』5 6月　『思想史研究草稿』第1号「アプローチテーマ・超国家主義の思想史的水源」明治大学政治経済学部政治学科日本政治思想史演習室（後藤ゼミ）＊編 10月　「村の学問」断章『近代風土』3→改題「遠山常民大

学の理念と実践——自己認識としての『村の学問』」《郷》
11月 「在地」の思想（総特集・現代ふるさと考）『伝統と現代』55《郷》
11月30日 「己」と「村」を追い求め 「遠山物語」を終わって「信濃毎日新聞」夕刊

1979年（昭和54年）46歳

1月 地方文化の地平（特集・80年代と「新しい革新」の展望）『公明』203《論》
1月 遠山常民大学の理念と実践（総特集・私塾の思想）『伝統と現代』56《郷》
2月 自己認識としての「村の学問」『月刊社会教育』↓改題・補筆「遠山常民大学の理念と実践」《郷》
4月 閉会のことば『寺小屋雑誌』8
4月 巻頭鼎談 まつりと文化——失われた信仰世界からの照射、前掲雑誌
5月 『新修港区史』東京都港区 ＊共著
6月 『思想史研究草稿』第2号「アプローチテーマ・明治国家の地方理念」明治大学政治経済学部政治学科日本政治思想史演習室（後藤ゼミ）＊編
6月 柳田国男における歴史主体の発見（特集 マルクス——その受容の系譜）『流動』11—6《郷・論》
7月 フォークロアへの道 牧田茂編『評伝柳田国男』日本書籍↓改題「柳田国男におけるフォークロアへの道」《郷・論》
8月 昭和史における天皇の歴史的意味（座談会 江口圭一・金原左門と 特集・昭和史の天皇）『歴史公論』5—

8

8月　『遠山物語――ムラの思想史』信濃毎日新聞社、四六判、365頁、1600円、表紙・北島新平　＊1995年にちくま学芸文庫に収録

（内容）「ムラ」への眼／遠山のシンボル／古層の遠山／ムラの〝御一新〟／山の開発／戦時下のムラ／ムラの敗戦／ムラの近代化／「ムラの思想史」の理念と方法／あとがき

10月　「伊那」を紡いだ人びと――大沢一夫（その二）（座談会　大沢・武田太郎と）『伊那』617（同誌620号まで6回連載）

1980年（昭和55年）47歳

4月　拓殖大学政治経済学部非常勤講師（～1981年3月）。

1月　明治民法と家イデオロギーの形成『歴史公論』《国》

1月　〈常民史学〉の創成――日本学問史に異彩を放つ反アカデミズムの〝野の学〟『流動』12―1

1月5日　民衆の自画像――昭和精神史覚え書き「公明新聞」（8月26日まで35回連載）

5月　郷土史研究とムラづくり『地域問題研究』8《郷》

5月　親が子に伝える生活感覚『青年心理』→改題「子育ての思想」《郷・論》

6月2日　大鹿歌舞伎と民衆「信濃毎日新聞」夕刊（6月3日まで2回連載）→改題「芸能と民衆」《郷》

7月　平田東助論『日本政治の実力者たち（1）』有斐閣《国》

7月　昭和史における天皇制（総特集・ガイドブック天皇制を考える）『伝統と現代』65

7月　政治構造の考察　前掲誌
7月　『思想史研究草稿』第3号「アプローチテーマ・民衆精神史の基層」明治大学政治経済学部政治学科日本政治思想史演習室（後藤ゼミ）＊編
8月　千石興太郎論『現代の眼』《国》
10月　芸能と民衆（随筆）『民話の手帖』6
12月22日　新飯田都市論「信濃毎日新聞」夕刊（2月23日まで2回連載）《郷》

1981年（昭和56年）48歳

1月「茅ヶ崎常民学舎（神奈川県茅ヶ崎市）」開講、主宰講師。
4月　明治大学政治経済学部専任講師（日本政治思想史、日本政治史、日本史特論、政治学、演習B（Ⅱ）（Ⅲ）担当）。
4月　武蔵大学人文学部非常勤講師（～1983年3月。1981年度は近代日本文化論講義Ⅱ・「伝統と近代」の思想史、1982年度は同・日本ファシズム論担当）。
4月「浜松常民文化談話会（静岡県浜松市）」開講、主宰講師（1985年に「浜松・磐田常民文化談話会」、1991年から「遠州常民文化談話会」）。

1月　心の連鎖と生命の再生としての正月（特集・小学生とお正月）『小学生のお母さん』1―8
3月　伊那谷におけるある「反措定」『離騒一宇案内』《郷》
3月　現代保守主義の思想的位相『公明』《国》
5月　羽生三七論（波多江貴代美との共著）『伊那』636
5月　**『郷土研究の思想と方法』伝統と現代社（現代ジャーナリズム出版会発売）、四六判、266頁、1800円、装幀・勝木雄二**
（内容）序（戦後民主主義と地方への視座）／Ⅰ　郷土研究の原点（柳田国男におけるフォークロアへの道、柳田国男と平田篤胤――常民の心意世界と国学の脈流、柳田国男における歴史主体の発見）／Ⅱ　郷土研究の方法と実践（方法としての「地方」、郷土史研究の思想と方法、郷土史編纂の理念と方法、遠山常民大学の理念と実践――自己認識としての「村の学問」、「在地」の思想――三・信・遠国境のムラづくり対話行から、郷土史研究とムラづくり）／Ⅲ　郷土研究からの展開（伊那谷におけ

年	事項	著作
	10月「ふじみ柳田国男を学ぶ会（埼玉県富士見市）」開講、主宰講師。	**るある反措定——下平政一伝、ムラの自由民権、芸能と民衆——大鹿歌舞伎をめぐって、道の思想、新飯田都市論——モデル定住圏のスタートに寄せて、「一人前」と共同体、親が子どもに伝える生活感覚）／あとがき** 5月 あとがき《郷》 10月『思想史研究草稿』第4号「アプローチテーマ・『地方』の思想史」明治大学政治経済学部政治学科日本政治思想史演習室（後藤ゼミ）＊編 11月『学ぶ』ということについて——山下さんへの手紙『文化からの架け橋——寺小屋教室10年の歩み』
1982年（昭和57年）49歳	4月 明治大学政治経済学部専任助教授（日本政治思想史、日本政治史、外書購読（Ⅰ）、演習B（Ⅱ）（Ⅲ）、演習（Ⅱ）担当）。 4月「柳田国男研究会（東京都）」開講、主宰講師。 5月「飯田歴史大学（長野県飯田市）」開講、主宰講師（1992年1月に「飯田柳田国男研究会」に改称）。 10月 第1回常民大学合同研究会開催（於長野県下伊那郡南信濃村老人センター、以後毎年各地持ち回りで開催）。	1月 新春鼎談 地域文化をどうつくるか（小口益一・渋谷定輔と 司会 北田耕也）『月刊社会教育』298 1月 近代思想史研究と柳田民俗学『国文学』《新序・論》 2月 日本政治思想史ゼミナール『資料センターニュース』22 3月 十年前の寺小屋のこと『寺小屋雑誌』13 3月 日本政治思想史『資料センターニュース』23・24 5月 **『新版 柳田国男論序説』伝統と現代社（現代ジャーナリズム出版会発売）、四六判、294頁、1800円、装幀・勝木雄二** **（内容）Ⅰ（柳田学の思想と学問、柳田国男の少年体験、柳田国男の青春体験、柳田学と転向、思想史における柳田国男への視角、柳田民俗学における生涯の象徴）／Ⅱ（「愛国心」形成の歴史像、近代日本の教育とその精神風土、「家」の思想、「常民」に宿る天皇信仰、家と土への の**

1983年（昭和58年）50歳	
12月20日　橋川文三の葬儀で、卒業生を代表して「お別れの言葉」を読む。	
3月　日本政治史（2部）『資料センターニュース』27・28 5月17日　御前崎紀行　山と海つなぐ「古道」歩き　民の交流の確証「信濃毎日新聞」《論》 7月1日　「東京裁判」印象記　録音・伊那谷の精神歳時記『南信州新聞』 8月　『遠山常民大学の五年』遠山常民大学運営委員会　＊編 11月26日　武田太郎小論　武田太郎『詩と文と絵』刊行委員会編『武田太郎「詩と文と絵」――遺稿追悼集』武田太郎「詩と文と絵」刊行委員会 11月　北島新平――日本民衆の想像力の発掘『北島新平作	回帰、「常民」における戦争責任、天皇制支配と禁忌）／Ⅲ　近代思想史研究と柳田民俗学／あとがき／新版あとがき 5月　新版あとがき《新序》 5月　『柳田国男著作・研究文献目録――柳田国男没後20周年記念』日本地名研究会　＊柳田国男研究会編（同会代表） 5月　「目録」作成にあたって　柳田国男研究会編『柳田国男著作・研究文献目録一覧　柳田国男没後20周年記念』 5月　知命　小感『飯田高松高校卒業30周年』 6月22日　柳田国男の現在「公明新聞」《論》 10月　『思想史研究草稿』第5号「共同研究・民衆と学問――伊那自由大学の思想史的考察」明治大学政治経済学部政治学科日本政治思想史演習室（後藤ゼミ）＊編

		品集　ふるさと伊那谷童画の世界』郷土出版社《地》 11月『思想史研究草稿』第6号「共同研究・天皇制ファシズムと民衆――長野県下伊那地方の思想史的考察」明治大学政治経済学部政治学科日本政治思想史演習室（後藤ゼミ）＊編 12月　本多勝一――『そして我が祖国・日本』解説　本多勝一『そして我が祖国・日本』朝日文庫《伊》
１９８４年（昭和59年）51歳	4月　明治大学歴史編纂専門委員会（橋川文三委員死去に伴うもの）。 10月「鎌倉・市民アカデミア柳田國男研究講座（神奈川県鎌倉市）」開講、講師担当（１９８９年に独立し「鎌倉柳田国男研究会」に改称、１９９４年に「鎌倉市民学舎」と統合し、「鎌倉柳田学舎」となる）。	1月『生活者の学び――六常民大学合同研究会記録』伝統と現代社　＊編 2月　ルポルタージュの山脈「週刊読書人」《伊》 3月　恩師橋川文三先生が遺していった言葉（思い出に残る「きびしい」先生）『児童心理』38―33 6月　橋川文三の柳田国男論『思想の科学』臨時増刊《論》 8月『追悼――橋川文三先生』橋川文三先生追悼文集編集委員会　＊編集代表 11月　柳田国男と信州『信濃教育』11月《論》 12月　土の思想（いろいろな江戸時代的発想）『歴史公論』11―12 12月　先生との出会い『資料センターニュース』特別号　橋川文三教授追悼号
１９８５年（昭和60年）52歳	4月「長野生活者大学（長野市）」開講、主宰講師（～１９８７年11月）。 9月　明治大学百年史編纂委員	1月　天竜水系文化史研究の構想――柳田国男『東国古道記』からの視角『伊那』６８０ 2月　伊那谷の精神史「飯田創造館だより」五周年記念特別号

会委員（〜1994年3月。1994年4月に明治大学大学史料委員会に改組）。

10月　「立川柳田国男を読む会（東京都立川市）」開講、主宰講師。

2月　柳田国男の「子ども考」『おもちゃの科学』1（12月同誌2号まで2回連載）《論》

3月　天皇制ファシズムと民衆――長野県下伊那地方における民俗思想史的考察『明治大学社会科学研究所年報』26→改題「近代伊那思想史研究序説――二つの思想の精神形象」《地》

5月　中山和子著『平野謙論』（書評）『明治大学広報』

8月　「基調報告　ひとつの生活者像――茅ヶ崎常民学舎」（講演）『地域を拓く生活者の学び』茅ヶ崎常民学舎

10月　神島二郎・鶴見俊輔・吉本隆明編『橋川文三著作集（全8巻）』『明治大学広報』

11月　カオスを拓くその予見力――『橋川文三著作集』全八巻刊行に寄せて「図書新聞」471

1986年（昭和61年）53歳

9月　柳田国男の書斎を、東京都世田谷区成城の柳田家から、長野県飯田市に寄贈することを仲介。

10月　「柳田国男館準備委員会」（長野県飯田市。第10回委員会から「運営委員会」）議長。

10月　明治大学学生部委員（〜1987年3月）。

1月6日　「非武装中立」を貫く　羽生三七氏を悼む「信濃毎日新聞」→改題「羽生三七――非武装中立の思想家」《地》

3月　『明治大学百年史　全4巻』＊編（〜1994年10月）

6月　遊技のなかで養い育まれてゆくもの　遊びと学びのフォークロア『おもちゃの科学』3

6月　『柳田国男研究資料集成　全20巻、別巻2』日本図書センター　＊編（〜1987年4月）

7月　天竜川流域の文化交流史『講座「天竜川」記録』1986年7月〜1987年2月　浜松市博物館

8月　刺激的な縁の一書『復刻・信州随筆』郷土出版社↓

		改題「刺激的な一書——柳田国男『信州随筆』」解説《伊》 8月6日　日本学への交響詩——『柳田国男研究資料集成』を編んで「毎日新聞」夕刊 11月1日　松本健一著　秩父コミューン伝説（書評）「図書新聞」
1987年（昭和62年）54歳	3月「於波良岐常民学舎（群馬県邑楽郡邑楽町）」開講、主宰講師。 4月　明治大学専任教授（日本政治思想史、政治学、演習B（Ⅱ）（Ⅲ）大学院演習担当）。 4月　明治大学学生部長（～1990年3月）。 5月　岩手県遠野市において「柳田国男ゆかりサミット」を企画・実施（以降2002年まで関係九区市町村で毎年実施）。 8月「遠野常民大学（岩手県遠野市）」開講、主宰講師。	1月　パラダイム転換と柳田学への関心（特集・経世民俗の文化学——稲・ハレ・正月）『季刊　iichiko』 1月　柳田民俗学　子育てのフォークロア『おもちゃの科学』4 1月12日　山中恒「子どもたちの太平洋戦争」「公明新聞」 1月　**『柳田国男論』　恒文社、A5判、510頁、7800円** **（内容）はじめに——柳田研究25年覚え書き／Ⅰ　柳田国男の思想形成と学問（柳田学の思想と学問、柳田国男の少年体験、柳田国男の青春体験、柳田国男の結婚、柳田国男と信州、柳田国男の経済思想、柳田学と転向、柳田国男と戦争、柳田国男におけるフォークロアへの道、柳田国男における歴史主体の発見）／Ⅱ　思想史における柳田国男（思想史における民俗学、橋川文三の柳田国男論、近代思想史研究と柳田民俗学、風土の変貌、伝統と文明、地方学の形成、柳田国男と北一輝、長谷川如是閑と柳田国男）／Ⅲ　柳田国男と常民の思想（常民論ノート、近代国家と常民、柳田国男と近代日本、常民と状況、柳田民俗学における生涯の象徴、帰去来情緒の思想、子育ての思想、柳田国男の「子ども考」、柳田国男紀行、御**

		前崎紀行）／Ⅳ　柳田国男研究の展開（柳田国男研究の展開、柳田国男と現代、柳田国男研究への視角、柳田国男の現在） 1月　はじめに《論》 2月　天竜水系の民俗文化史（講演）『郷土を学ぶ講座　磐田市誌シリーズ「天竜川の暮らしと文化」の調査から』磐田市教育委員会 7月　民衆による地域づくり運動（講演）『自治研のきろく』27自治労長野県本部（長野） 8月　柳田国男と現代「信濃毎日新聞」（1989年2月18日まで32回連載） 10月　常民的ヒューマニズムを育んだ大鹿歌舞伎『信州大鹿歌舞伎』銀河書房《地》
1988年（昭和63年）55歳	――明治大学『読書の広場』編集委員。 8月　鎌倉市雪ノ下に転居。 9月　飯田市美術博物館（柳田国男館）顧問。	2月　素晴らしい第二集『高齢者の語り「あすへひとこと」』2 3月　柳田国男の謎『文藝春秋』67―3 3月　天竜川流域の文化交流史『講座「天竜川」記録』浜松市博物館 4月　豊かな人間性形成のために『白雲なびく　学生ハンドブック』明治大学 4月　**『天皇制国家の形成と民衆』　恒文社、A5判、318頁、3800円、装釘・本田進** **（内容）序――天皇制研究への視角／I　近代国家の形成と天皇制（天皇神学の創出、「草莽崛起論」の思想過程、国体論の形成、伊藤博文論、平田東助論、千石興太郎論、**

明治民法と家イデオロギーの形成）／Ⅱ　民衆思想と天皇制（在村的暴力の形成、幕末草莽者の思想と行動、南方熊楠と神社合併反対運動、「愛国心」形成の歴史像、天皇制支配と禁忌、「常民」に宿る天皇信仰、象徴天皇制と地方自治の構造）／Ⅲ　ナショナリズムと国家（北一輝と未完の革命、北一輝ノート、昭和維新思想の根拠、大正期民衆のナショナリズム、昭和民衆精神史ノート、近代日本と情念、現代保守主義の思想的位相）／Ⅳ　家と民衆（家と土への回帰、「家」の思想）

4月　序――天皇制研究への視角《国》

6月　生活民俗誌の鬼『向山雅重著作集　山国の生活誌月報』5

9月　戦後学生精神史（1）『明治大学史紀要』7

9月　基調報告『天竜水系の世界観　第五回九常民大学合同研究会の記録』

9月　シンポジウム　天竜水系の世界観（司会　後藤　助言講師　武井正弘　パネラー　塩沢一郎・野牧治・大庭祐輔）『天竜水系の世界観　第五回九常民大学合同研究会の記録』

11月　対談・日本の見える原風景　三遠南信地域の芸能（対談・下田豊子と）『街道物語　南信州　北遠州　奥三河　芸能の道』県境三圏域

11月　『柳田国男伝』三一書房　＊監修

12月　いいだしっぺの口上『「みつびき」十年の宴』

1989年

2月『天皇制国家の形成と民衆』

3月　1990年柳田国男ゆかりサミット我孫子市・利根

（昭和64／平成元年）56歳	により、第7回［平成2年度――1989］政治研究櫻田會賞を受賞。 4月　明治大学体育委員会委員（～1990年3月）。 4月　飯田市立美術博物館顧問（長野県飯田市）。 4月　柳田國男記念伊那民俗学研究所長（長野県飯田市）。 11月　「鎌倉市民学舎」開講（～1994年。「鎌倉柳田学舎」に統合）。	町会場への提言　柳田学の国際性（座談会　鶴見和子・谷川健一・色川大吉と　司会　齊藤博）『我孫子市史研究』13 5月18日　祭りの変容（対談　大岡信と）「静岡新聞」 7月　『信州かくれ里伊那谷を行く（とんぼの本）』新潮社　＊布施他人夫、飯沢匡、印南喬、大和岩雄、前島重子、宮崎学と共著 7月　八幡信仰と天皇信仰（講演）『八幡信仰と日本人　第五回九常民大学合同研究会の記録』鎌倉柳田国男研究会 11月　『天竜川流域の暮らしと文化　上、下（磐田市誌シリーズ10）』　＊編 11月　天竜水系の歴史像『天竜水域の暮らしと文化』《地》
1990年（平成2年）57歳	1月　「柳田國男記念伊那民俗学研究所（長野県飯田市）」開所、所長。 4月　ドイツ、テュービンゲン大学で「日本民俗文化論」を集中講義（～8月）。 10月　明治大学・公開大学運営委員会委員長（～1998年10月）。 10月　明治大学政治経済学部政治学科長（～1992年3月）。 11月　明治大学政治経済学部カリキュラム検討委員会委員長（～	1月　口絵解説　柳田国男館『伊那民俗研究』1 1月　創刊の言葉　自己認識としての伊那学の広場　前掲誌《地》 1月　「柳田記念研究所」創立の経過と構想　前掲誌《地》 1月　柳田国男と飯田　前掲誌《地》 1月　編集ノート　前掲誌 3月　**『神のかよい路　天竜水系の世界観』　淡交社、四六判、238頁、1800円、ジャケット写真・高橋寛治** **（内容）Ⅰ章　伊那谷――日本のみえる原風土（飯田――その心の貌、風土――山・丘・川の里、生きる――山の幸とともに、祭る――生れ清まりの精神史）／Ⅱ章　神のかよい路――天竜水系の世界観（天竜川の歴史像、天竜川の舟運、信仰の道・東国古道、『山の人生』、山の祭り、**

1991年12月）。

『熊谷家伝記』の里、能を舞う里、山の盆、歌舞伎の里の精神史、中世都市・見付、天竜水系の国学、民俗の狩人）／Ⅲ章　古層の神がみ（二つの「謎」の神、「天白」の神、「ミサグチ」の神）／天竜水系の祭り暦／祭り暦・市町村役場／あとがき

3月　あとがき《天》

7月　飯田市への手紙（特集・長野県飯田市への提言「農工商が結びつく町」を読んで）『自然と人間を結ぶ』117

8月　基調報告　『遠野物語』80年の照射　『「遠野物語」の世界　第7回8常民大学合同研究会記録』

11月　ヨーロッパの「柳田学」『伊那民俗学研究所報』3

12月　変わらぬ詩心　和田草々『句集　遠山祭』りんどう俳句会

12月　北一明の原郷『北一明〈創造美の世界〉展［特集］』

1991年（平成3年）58歳

10月　明治大学・公開大学学外集中講座「地域振興の基本理念」（新潟県十日町市）開講、運営委員長（〜1993年）。1994年11月に受講者有志により「妻有学舎」開講、主宰講師。

1月　遊びと人間形成（提言　〝もの〟と心に関わる教育）『教育じほう』516

3月　『伊那谷の民俗学を拓いた人々Ⅰ、Ⅱ』南信州新聞社
＊編

3月　武田太郎――歴史と民俗を架橋『伊那谷の民俗学を拓いた人々』Ⅰ　伊那民俗学研究所《地》

5月14日　柳田学研究の進展期待「遠野物語」初稿本3部作「朝日新聞」夕刊

9月　盆の世界観（講演要旨）『伊那民俗』6《伊》

9月　基調講演　柳田國男のジュネーブ体験『生活者の学びの集い　第8回9常民大学合同研究会　柳田国男に

学ぶ――その成果と展望』於波良岐常民学舎記録集編集委員会（群馬県）
9月　編集ノート『伊那民俗研究』2
9月　内発的な老いの学びの結晶『高齢者の語り　あすへひとこと　第四集「おうらのくらしと民具」』　あすへひとこと編集委員会

1992年（平成4年）59歳	2月　学校法人明治大学評議員。 4月　明治大学学長室専門員（～1993年3月）。 4月　明治大学ラグビー部部長（～1997年3月）。 5月　明治大学・公開大学「柳田國男の世界」（東京都）開講、講師（～1997年。1995年5月に受講者有志により「明治大学柳田国男を学ぶ会」開講、主宰講師）。 5月　「飯田柳田国男研究会」開講、主宰講師。 6月　ドイツ、テュービンゲン大学で「日本民俗文化の特質」を集中講義（～7月）。	3月　「前口上」『政経資料センターニュース』55・56 3月　**『天竜水系の世界観（県民大学叢書27）』　第一法規出版東海支社、A6判、28頁** **（内容）はじめに／柳田国男「東国古道記」の示唆／「神のかよい路」としての天竜川／天竜水系の神々と祭り／祭りの意義／正月と盆の世界観／おわりに** 4月　フィールドワーク「化粧坂を歩く」『化粧坂考』鎌倉市民学舎・鎌倉柳田国男研究会 4月　注釈研究　世界民話博　柳田没後30年記念『遠野常民』1　遠野常民大学 5月　柳田国男と沖縄――その史的展開『'91　5th　5／14・15　柳田國男ゆかりサミット』平良市教育委員会社会教育課（沖縄） 7月　柳田国男没後三十年の思想風景『近代風土』40　近畿大学出版部（大阪） 7月　『口語訳遠野物語』河出書房新社　＊監修 9月　『遠山の八十八年』後藤忠人著　南信州新聞社出版局　＊編 10月　柳田国男と『遠野物語』（講演）『遠野常民』6

1993年（平成5年）60歳	4月　明治大学学長室専門員長（〜1994年3月）。 5月　鳥取民俗懇話会顧問（鳥取市）。	3月　明治大学史の中の政治経済学部（座談会　渡辺隆喜・加藤隆と）『政経フォーラム』1 3月　編集ノート、前掲誌 6月　柳田・折口学と現代　柳田国男と21世紀（日本人の原郷をさぐる③）『コンステラツィオーン』278 6月1日　三遠南信文化の魅力（神と自然と共に生きて南信ふるさと展特集）「中日新聞」 6月　戦後思想史と大学　戦後学生精神史覚書『情況』32 6月21日　「稲」のフォークロアへの深渕　野本寛一著『稲作民俗文化論』を読む「週刊読書人」 9月　大学の財政危機はこうして乗り越える（座談会　武石謙一・石崎忠司・鬼塚豊吉・伊藤昭と）『大学時報』232 9月　『遠山の霜月祭考（伊那民俗ブックス3）』南信州新
		10月　柳田国男と田山花袋──空白の蜜月を埋める書簡『田山花袋記念館開館5周年記念特別展　柳田国男と田山花袋──不撓の絆』館林市教育委員会文化振興課 12月　現代人を読み解く　柳田国男「常民の思想」（大特集・新日本人論）『サンサーラ』3─12　徳間書店 12月　柳田国男の世界と現代社会『講演会記録集6』調布市立図書館 12月　「幻の講演」をめぐって（小特集・柳田國男「日本民俗学の頽廃を悲しむ」）『伊那民俗研究』3 ──対談「常民大学」運動の軌跡──武井正弘との対談『地域を拓く』飯田歴史大学《地》

１９９４年（平成６年）61歳

4月　明治大学大学史料委員会委員。

4月「鎌倉柳田学舎（鎌倉市）」開講、主宰講師。

8月「遠野物語ゼミナール（遠野市）」開講、主宰講師。以後毎年開催。

11月「妻有学舎（新潟県十日町市）」開講、主宰講師。

11月　NHK「ETV特集――日本を作った日本人」②天皇制・伊藤博文（１）、③内務政策・山県有朋（２）を監修、出演。

聞社　＊遠山常民大学と共編
1月　歴史の母層を掘った『磐南文化』（記念号　特集・民俗）『磐南文化』20
1月　カリキュラム改革の青写真（座談会　金子光男・里見常吉・小副川昭・富永昭・桐生尚武・鈴木利大・大六野耕作・安蔵伸治と　司会　後藤）『政経フォーラム』2
2月11日　ルポルタージュの山脈　本田勝一集の刊行を機に「週刊読書人」《伊》
3月　柳田学の世界　第一講「現代科学」としての柳田学『フォークロア』1
3月　近代伊那思想史研究序説――二つの思想の精神形象『伊那』790（「明治大学社会科学研究所年報」1985年から転載）《地》
3月　綱沢満昭『柳田国男の思想世界』（書評と紹介）『民族文化』6
3月　編纂ノート『伊那民俗研究』4
4月3日　柳田国男と現代「毎日新聞」日曜版（1995年3月26日まで全50回連載）。遠野物語研究所より同名で刊行（2006年）
5月　柳田学の世界　第二講「自己認識の学」としての柳田学『フォークロア』2
6月「コメと日本人」――柳田国男の思想に学ぶ『サンサーラ』5―6
7月　柳田学の世界　第三講「常民史学」としての柳田学『フォークロア』3

9月　柳田学の世界　第四講　柳田学の方法『フォークロア』4
10月　「遠野」に何を見るか?　『遠野物語』と柳田民俗学の現在（座談会　内藤正敏・三浦佑之と　特集・遠野への視座──民俗学源流の旅）『フォークロア』5
10月28日　地域出版文化の未来「さきたま出版会」へのメッセージ「埼玉新聞」
11月2日　〝牧さ〟の人柄を讃えた四五〇人「村沢牧出版を祝う会」印象記「南信州新聞」→改題「村沢牧──出版を祝う会印象記」《伊》

1995年（平成7年）62歳

4月　岩手県遠野市立遠野物語研究所開所、所長。
5月　「明治大学柳田国男を学ぶ会（東京都）」開講、主宰講師。
7月　「熊谷元一写真賞」コンクール（長野県下伊那郡阿智村）審査委員。
──「知久伊那谷文化賞」（長野県飯田市）選考委員。

1月　柳田学の世界　第五講　柳田学の理念『フォークロア』6
2月　**『遠山物語──ムラの思想史（ちくま学芸文庫）』筑摩書房、文庫判、399頁、1359円、カバー写真・遠山信一郎**
（内容）「ムラ」への眼／遠山のシンボル／古層の遠山／ムラの〝御一新〟／山の開発／戦時下のムラ／ムラの敗戦／ムラの近代化／「ムラの思想史」の理念と方法／あとがき／文庫版あとがき／解説（赤坂憲雄）
3月　21世紀・明治大学フォーラム　パートⅢ　建学の理念の現代化について（座談会　中村雄二郎・浅田毅衛・加藤隆・別府昭郎・三枝一雄・倉田武夫と　司会　渡辺隆喜）『21世紀・明治大学フォーラム』
3月　柳田学の世界　第六講　柳田国男の発見『フォークロア』7

3月　伊那民俗学研究所創設五周年記念民俗調査ゼミナール　講演記録①　民俗調査の意義（講演）『伊那民俗研究』5
3月　編集ノート　前掲誌
3月『柳田国男をよむ——日本人のこころを知る』アテネ書房　＊編
4月　福祉のフォークロア（講演）『福祉のフォークロア　公的介護保険を考える』（ベルの会シリーズ2）ベルの会
6月16日　近代伊那文化史の総目録——飯田・下伊那新聞雑誌発達史稿「南信州新聞」《伊》
7月14日　東北学へ（1）赤坂憲雄著（書評）「日本経済新聞」
8月　伊能嘉矩の人と学問——柳田国男が敬慕した理想の郷土史家　遠野市立博物館『伊能嘉矩——郷土と台湾研究の生涯』
9月　歴史に学ぶ方法の成果『遠州常民文化』2
9月　常民の文化を学ぶとは何か（対談　野本寛一と　司会　中山正典）前掲誌
11月　鶴見先生のこと、砂川闘争のこと（講演）『第13回常民大学合同研究会記録集〈柳田国男と21世紀〉（4）戦後五十年を問う』立川柳田国男を読む会
11月12日　中繁彦『ぼく、半分日本人』（書評）「信濃毎日新聞」《伊》
11月19日　熊谷元一——民俗資料としての記録写真（阿智村での講演）《地》

年	事項	著作
1996年（平成8年）63歳	4月 明治大学図書館長（～1999年3月）。 4月 韓国、仁荷大学校、高麗大学校、梨花女子大学校で「近代日本における天皇制国家の形成と民衆」講演。 11月 明治大学教学基本プロジェクト「生涯教育構想検討委員会」座長（～1998年12月）。 12月 「明治大学柳田国男ゼミナール（東京都）」開講、主宰講師。	3月 教養講座開講の意義と今後の課題（座談会 加藤隆・里見常吉・吉田悦志・大六野耕作と）『政経フォーラム』4 3月 塩の道というスーパー南北連携軸イベントの意義と可能性（パネルディスカッション 竹内宏・渡辺貫介・残間里江子・尾田栄章と）『第1回 日本海 太平洋 塩の道会議 報告書』掛川市商工観光課 5月 自然・人間・神――共生のフォークロア『手賀沼マガジン』1 6月 『「遠野物語」研究草稿』明治大学政治経済学部後藤総一郎ゼミ ＊編 6月15日北島忠治監督を偲ぶ『明治大学広報』臨時増刊 9月 編集ノート『伊那民俗研究』6 9月 『柳田国男伝』補完研究事始 柳田国男研究会編著『柳田国男・ジュネーブ以降』三一書房 9月 柳田国男のジュネーブ体験 柳田国男研究会編著『柳田国男・ジュネーブ以降』三一書房 10月 柳田国男の着物観（講演）『常民大学合同研究会記録集〈柳田国男と21世紀〉（5）着物のフォークロア』妻有学舎 11月 天龍村の歴史とその特質 天龍村四十周年記念講演《地》
1997年（平成9年）		2月 「老人」の学びから「成人」の学びへ 『からっ風の中のヒューマニズム 於波良岐常民学舎10年の学び』於

64歳

波良岐常民学舎
3月 『図書の譜――明治大学図書館紀要』創刊 ＊編集委員長（～1999年1月）
6月 柳田記念研究所の「衣更え」『伊那民俗学研究所報』
7月 編集ノート『伊那民俗研究』7
7月 歴史と予見――市民の学びから『鎌倉オピニオン』7
8月 塩の道とは 竹内宏・榛村純一・渡辺貫介編著『もっとも長い 塩の道――日本海・アルプス・太平洋350km』ぎょうせい→改題「塩の道」《伊》
8月 古代から現代までの「塩の道」 前掲書
8月 『注釈遠野物語』筑摩書房 ＊監修
8月 『「遠野物語」以後――遠野の変容88年』明治大学政治経済学部後藤総一郎ゼミ ＊編
9月 刊行の辞「決定版 柳田國男全集」（内容見本） 筑摩書房 ＊無記名
9月 『常民大学の学問と思想――柳田学と生活者の学問・25年の史譜』常民大学合同研究会事務局 ＊編著
9月 『報道の記録（常民大学の学問と思想 第3部）』常民大学合同研究会事務局 ＊編著
10月 『柳田國男全集 全38巻』筑摩書房 ＊編（以後続刊）
10月 『飯田・下伊那新聞雑誌発達史――郷土百年のジャーナリズム』南信州新聞社出版局 ＊編著
10月28日 柳田国男と宮沢賢治（講演）『遠野常民』62
11月 「知の抹殺」への警鐘（座談会 清水多吉・吉田憲夫と）『情況』8―9

11月 我が街——大学のある風景 お茶の水の心象風景『大学時報』257
11月 『柳田国男研究資料集成』以後（民族・民俗特集）『本のニュース』10
12月 高善旅館遠景 高橋甫『柳翁宿今昔』遠野アドホック
12月 柳田学の現在『AERA Mook 32 民俗学がわかる』朝日新聞社
12月 遠野物語の新たなる地平（講演）『遠野常民』65

1998年（平成10年）65歳

11月 国立台湾大学創立70周年暨図書館新館開幕紀年「伊能嘉矩与台湾研究特展」で「伊能嘉矩と柳田国男——その学問的個性と普遍性」講演。
11月 明治大学リバティタワー竣工記念イベント実行委員長。

1月 『遠野物語』の遠野へのバイブル『遠野常民』68
4月 『戦争の傷跡——満島俘虜収容所の歴史像』明治大学政治経済学部後藤総一郎ゼミ ＊編
9月 柳田国男と転換期の思想（講演）『伊那民俗研究』8
9月 編集ノート 前掲誌
11月 向山雅重——「みる」フォークロアの範型『信濃教育』1344《地》
12月 対談 これからの日本は地域の元気と庶民が学ぶ元気から…（対談 上田あつひでと）上田あつひで『来た道往く道 港区議会議員在職26年の検証と展望』私家版
12月 ふるさと考——「過疎」その歴史と再生『地域文化』47→改題「遠山 ふるさと考」《地》
——『柳田国男——民俗の心を探る旅（紀伊国屋書店ビデオ評伝シリーズ 学問と情熱——21世紀へ贈る人物伝 第Ⅰ期 第9巻）』紀伊国屋書店 ＊監修

1999年（平成11年）66歳	4月　韓国、梨花女子大学校で「戦後日本思想史」を集中講義（～6月）。 4月　梨花女子大学校で「日本の大学の歴史と現況」講演 5月　同「日韓文化交流史の歴史と未来」講演。 7月　父忠人死去。享年95歳。 12月　「民話のふるさと遠野大使」（遠野市）委嘱。	3月　わたしの一冊…柳田国男著『日本の祭』人生を変えた一書『大学時報』265 3月　『注釈研究／丸山眞男「超国家主義の論理と心理」』明治大学政治経済学部後藤総一郎ゼミ　＊編 5月　常民大学25年の史譜（講演）　後藤総一郎監修／明治大学柳田国男を学ぶ会編『柳田学と生活者の学問・25年の史譜　第15回記念常民大学合同研究会記録』 6月13日　「常民の歴史学を創成した天才　柳田國男」『週刊20世紀』19 6月　「そば吉」口上『越後そば街道　小嶋屋物語』小嶋屋（新潟） 8月17日　歴史学び、理解へ一歩　韓国学生の日本認識「信濃毎日新聞」 9月　『柳田国男の鎌倉断章』鎌倉柳田学舎　＊監修 10月15日　橋川ゼミ卒業生の書物群（大学史の散歩道25）『明治大学学園だより』283
2000年（平成12年）67歳	4月　学校法人明治大学理事。 11月　韓国、仁荷大学校で「二一世紀日本政治学の新たな可能性」講演。	2月　『駿台論潮』物語（大学史の散歩道28）『明治大学学園だより』287 3月　大鹿歌舞伎の民俗思想史的考察『国選択無形民俗文化財調査報告書　大鹿歌舞伎　研究編』大鹿村教育委員会 3月　**『柳田学の地平線　信州伊那谷と常民大学』　信濃毎日新聞社、四六判、254頁　1700円、装丁・熊谷博人** **（内容）Ⅰ　柳田学の地平線／Ⅱ　「常民大学」運動の軌**

跡―武井正弘との対談／Ⅲ　伊那谷と柳田国男（柳田国男と飯田、常民的ヒューマニズムを育んだ大鹿歌舞伎、天龍村の歴史とその特質、遠山ふるさと考――「過疎」その歴史と再生、天竜水系の歴史像）／Ⅳ　伊那谷　民俗の狩人（熊谷元一――民俗資料としての記録写真、向山雅重――「みる」フォークロアの範型、北島新平――日本民衆の想像力の発掘、武田太郎――歴史と民俗を架橋、羽生三七――非武装中立の思想家）／Ⅴ　近代伊那思想史研究序説――二つの思想の精神形象／あとがき

3月　柳田学の地平線《地》

3月　あとがき《地》

3月　『柳田国男の「植民地主義」を排す』明治大学政治経済学部後藤総一郎ゼミ　＊編

5月　宮田登さんを悼む『ちくま』350

7月　セピア色の原稿――砂川基地反対運動小景（大学史の散歩道31）『明治大学学園だより』292

8月　「感想文」を寄せられた方へのお礼『柳田学の地平線／感想文集』鎌倉柳田学舎

9月　過去の民俗の精神を現代に再生しよう（講演）『遠野常民』96

9月20日　55年後の「鎮魂」――満島捕虜収容所犠牲者の慰霊碑建立「信濃毎日新聞」《伊》

11月　第10回柳田国男ゆかりサミット基調講演　『第10回柳田国男ゆかりサミット会議録』

11月　『柳田学前史（常民大学研究紀要1）』　＊編

11月　柳田学前史の意義『柳田学前史（常民大学研究紀要

1）』
11月　あとがき『柳田学前史（常民大学研究紀要1）』
11月　『天龍村史　全2巻』　長野県天龍村　＊監修
12月　『山中共古　見付次第／共古日録抄』　パピルス　＊監修

2001年（平成13年）68歳

1月　第27回遠野市民文化賞受賞。
3月　明治大学創立120周年記念事業委員会副委員長、同記念展示分科会座長、同創立者顕彰講演分科会座長、同広報文化会座長、同文化講演分科会座長（～2002年）。
4月　明治大学史料委員会委員長。

1月　書評　石井正己『遠野物語の誕生』『國文學　解釈と教材の研究』46―1
1月　学生物語　明治・大正・戦前・戦後④　戦後半世紀を彩る精神の波動『明治』9
1月27日　『天龍村史』始末記「南信州新聞」《伊》
2月　天龍水系の世界観（ロータリークラブにおける講演）《伊》
3月　『破戒』をめぐる島崎藤村と柳田国男（講演）『伊那民俗研究』10『続・探求』4（2001年5月）に転載《伊》
3月　編集ノート『伊那民俗研究』10
3月　「記念式典」物語　第1回　創立三〇周年記念式典『明治』10
4月　『関東庁警務局資料――明治大学図書館所蔵』日本図書センター　＊監修
5月　食の文化史考『栗の詩』25
5月　世界一の写真帖――『会地村』から七〇年の秀作　熊谷元一『熊谷元一傑作選【下巻】写真編』郷土出版社↓改題「熊谷元一――世界一の『写真帖』」《伊》
7月　柳田国男との出会い　体験と学問　深井人詩『文献

		探索　二〇〇一』文献探索研究会 7月1日　120周年イベント通信①　富永直樹氏による宮城浩蔵・矢代操の胸像制作はじまる　『明治大学広報』 7月15日　120周年イベント通信②　建学の精神「語録」『明治大学広報』臨時増刊 8月　『改訂版　柳田国男の鎌倉断章』　鎌倉柳田学舎　＊監修 9月　『柳田国男のアジア認識（常民大学研究紀要2）』　＊編 9月　柳田国男の「植民地主義論」の誤謬を正す『柳田国男のアジア認識（常民大学研究紀要2）』 9月　あとがき『柳田国男のアジア認識（常民大学研究紀要2）』 10月　柳田学の周辺（講演）『茗水クラブ』234 11月　『120年の学譜──明治大学創立120周年記念（明治大学史紀要6）』　＊編
2002年（平成14年）69歳	2月　脳梗塞により鎌倉市、阿部脳神経外科病院に入院（同月退院）。 3月　長野県下伊那郡南信濃村「ふるさと南信濃村親善大使」を委嘱される。 9月　悪性リンパ腫により鎌倉市、湘南鎌倉病院に入院。	3月　編集ノート『伊那民俗研究』11 3月　『古層における韓国文化史の受容史ノート』　明治大学政治経済学部後藤総一郎ゼミ　＊編 5月　武井正弘──お別れの言葉（弔辞）《伊》 6月　柳田為正先生──お世話をおかけした27年『伊那民俗』49→改題「柳田為正先生哀悼」《伊》 6月30日　子どもの想像力の復権──柳田国男『子ども風土記』から（放送大学特別講義）《伊》 7月　監修『遠野夜譚（遠野の民話2）』佐藤誠輔著　遠野

物語研究所
9月　『柳田国男と現代（常民大学紀要3）』　＊編
9月　柳田国男と現代『柳田国男と現代（常民大学紀要3）』
9月　あとがき『柳田国男と現代（常民大学紀要3）』
10月　出版部再建考（論壇）『明治大学広報』
12月　『「校歌」の史譜（明治大学史紀要7）』　明治大学
12月　松澤太郎――読書の人　＊絶筆《伊》

2003年（平成15年）

1月12日　湘南鎌倉病院にて死去。享年六十九。
1月14日　鎌倉市カドキホールにて通夜。
1月15日　同　告別式。総岳智泉大居士。菩提寺は鎌倉市浄明寺の稲荷山浄妙寺。
3月　常民大学主催「後藤先生を偲ぶ会」（鎌倉市）。
11月　常民大学20周年記念大会――常民大学と後藤学の地平線「後藤民俗思想史の内部確認と対外的発信」（長野県飯田市）。
12月　遠野市市制施行49周年記念功労者表彰式において特別表彰を受ける。

6月　柳田国男の地名考『伊那民俗研究』特別号《伊》
10月　立川柳田国男を読む会『柳田国男の武蔵野』三交社　＊監修
11月　『柳田学の地平（常民大学研究紀要4）』　＊編
11月　韓国文化受容史『柳田学の地平（常民大学研究紀要4）』
11月　**『伊那谷の民俗と思想』南信州新聞社、四六判、219頁　1800円**
（内容）遺影／はじめに――映画『阿弥陀堂だより』から／I　伊那谷の民俗（天龍水系の世界観、盆の世界観、大鹿歌舞伎の民俗思想史的考察、刺激的な一書――柳田国男『信州随筆』解説、塩の道、柳田国男の地名考、子どもの想像力の復権――柳田国男『子ども風土記』から）／II　伊那谷の思想（近代伊那文化史の総目録――飯田・下伊那新聞雑誌発達史稿、『破戒』をめぐる島崎藤村と柳田国男、満島捕虜収容所の思想史的検証、55年後の「鎮魂」満島捕虜収容所犠牲者の慰霊碑建立、『天龍村史』始末

		記）／Ⅲ　伊那谷の人と思想（本多勝一――『そして我が祖国・日本』解説　ルポルタージュの山脈、熊谷元一――世界一の「写真帖」、村沢牧――出版を祝う会印象記、松澤太郎――読書の人、中繁彦――『ぼく、半分日本人』書評）／Ⅳ　惜別（武井正弘――お別れの言葉、柳田爲正先生哀悼）／あとがきにかえて（後藤三枝子）
2004年（平成16年）		1月　後藤総一郎先生追悼集刊行会『常民史学への視座――後藤総一郎　人と学問』（追悼文集）岩田書院 1月　柳田国男との出会い――体験と学問（講演）後藤総一郎先生追悼集刊行会『常民史学への視座――後藤総一郎人と学問』（追悼文集）岩田書院 1月　日本人と食文化（講演）前掲書
2005年（平成17年）		8月　『柳田学から常民の学へ（常民大学研究紀要5）』 ＊編
2006年（平成18年）		1月　『後藤民俗思想史の継承と新たな展開（常民大学研究紀要6）』　＊参考
2007年（平成19年）	9月　三枝子夫人、飯田市美術博物館への後藤総一郎先生蔵書の寄贈により飯田市功労者表彰を受ける。	1月　**『柳田国男と現代』（石井正己編）遠野物語研究所、A5判、56頁** **（内容）入学式、まなぶ、花見、ゴールデンウィーク、憲法47歳（上）（中）（下）、コメと日本人（上）（中）（下）、言葉の原初（上）（中）（下）、子どものフォークロア（上）（中）（下）、中元、「盆」の世界観①②③④、「遠野物語」**

再考（上）（下）、月見と運動会、雨乞い、常民大学、木綿の効用、安息の色、食物の統一、食物の個人自由、家の意味、日本人の家観念、七五三、旅、半鐘の栽培、祭り（上）（中）（下）、正月（上）（中）（下）、「いじめ」のフォークロア、歴史意識（上）（中）（下）、民俗の中の地震、椿は春の木、美しき村、タンポポ、卒業式／後藤総一郎の宿題（石井正己）、本書を読むための後藤語彙二〇語（同）

1月『後藤民俗思想史の継承と新たな展開・続（常民大学研究紀要7）』＊参考

あとがき

この『野の学びの史譜』は、その副題に「後藤総一郎語録」とあるように、私たち常民大学のメンバーの共通の師である後藤総一郎先生の学問と思想、そしてその人となりを後藤先生が遺した言葉の数々によって浮かび上がらせようとしたものである。

かつての中国で、禅僧の弟子たちが師の説法や問答を筆録して編纂したものを「語録」といい、それは時の社会や文化に影響を及ぼしたという。そして、それは禅宗の渡来とともに我が国にも伝えられたという。この「語録」の編纂という故事に学べば、私たち常民大学の一人一人には本書を編む権利、いやむしろ義務があるのかも知れない。そこで、現在も継続する各地の常民大学の代表者会議を編集委員会とし、事務局を鎌倉柳田学舎におき、この現代の「語録」の編集を進め、刊行に至った。

後藤総一郎先生は、日本政治思想史を専門領域とする学者であり、また柳田国男の研究者でもあった。そして何よりも常民大学という野の学び、生活者の学びの実践者でもあった。しかし、当然のことながら、後藤先生の遺した足跡は、このどれかに収斂することはなく、柳田国男を媒介としながらこの三つの顔が結合され、トータルに体現されている。そういう意味では思想家であった。

本書を編むにあたって、まず念頭に置いたのはこのことである。そうでなければ後藤総一郎先生という稀有の思想家の総体としての実像は結べないと考えたからである。後藤先生の思想と経歴からすれば、むしろ必然であったと考えられるが、先生は政治思想史研究と柳田研究の延長線上に常民大学を産みだした。したがって各地の常民大学の人々は常民大学という実践面のみからでなく、柳田国男の思想と学問を核とする日本人の民俗と精神の歴史を解明する学問、つまり私たちが後藤民俗思想史と呼ぶ前人未踏の学問領域においてその謦咳に接していたのである。だから、この民俗思想史という優れて現在的課題を背負った後藤先生は、その生きざまも含めた総体として私たちに真剣勝負を挑んできたのだと言える。

後藤先生は、よく「常民大学に命を賭けている」と言われていた。そして、その言葉が掛け値のないものであることを証明するかのように、決して長くはない生涯を閉じた。その常民大学の意義は、一言で言えば、「在野の学問」つまり「野の学び」であり、『野の学びの史譜』という題名は、その過去と現在と未来を表している。そういう意味では、本書は単に追悼のために編んだのではなく、かつての「語録」がそうであったように、その言葉の数々が、現代社会に相渉る思想として広く社会、文化に影響を及ぼしていくことを期待して刊行したのである。この書を多くの人々の手に取っていただき、そして深く読まれることが私たちの切なる願いなのである。

本書の刊行は、様々な方々のお力をかりて初めて成し遂げることができた。とりわけ、後藤先生から繰り返しそのお名前を聞かされていた鶴見俊輔氏に本書の序を執筆していただいたことには感謝の言葉もない。厚くお礼を申し上げたい。また、夫人の後藤三枝子氏には資料の協力とともに数々の援助をいただき深くお礼を申し上げたい。そして、本書の出版をかつて先生の『柳田国男論序説』や『柳田学の思想的展開』などの出版を手がけていた梟社の林利幸氏にお願いできたことは、奇縁を感ずるとともに深い感慨を禁じえない。林氏には、不慣れな私たちに適切なアドバイスと厚いご協力をいただいたことにも感謝を申し上げなくてはならない。最後に、事務局の怠慢により、本書の企画から発行まで五年間という歳月を費やしてしまい、執筆者の皆さまに多大な迷惑をかけてしまったことを深くお詫び申し上げたい。

この書を故郷の山の後藤総一郎先生に捧げる

二〇〇八年八月十三日　お盆の迎え火の日に

常民大学『野の学びの史譜』編集委員会
事務局　久保田宏

執筆者

鶴見　俊輔

柳田国男研究会
小田　富英・杉本　仁

遠山常民大学
針間　道夫

遠州常民文化談話会
今村　純子・鈴木　直之・永井　豪・中山　正典・名倉愼一郎・吉村　章司

飯田柳田国男研究会
折山　邦彦・片桐みどり・髙橋　寛治・原　幸夫・前澤奈緒子・宮坂　昌利

鎌倉柳田学舎
江口　章子・大坪　厚雄・木庭　久慶・久保田　宏・曾原　糸子・中野　正人・松尾　達彦
松村　慶子・三浦　邦雄・村松　玄太

於波良岐常民学舎
石原　照盛・稲葉　泰子・川島　健二・斎藤　遙山・守随　吾朗・野木村俊夫

遠野常民大学　遠野物語研究所
菊池　健・高柳　俊郎・千葉　博・似内　邦雄

立川柳田国男を読む会
高橋　昭男・山口　茂記・横川　令子・飯澤　文夫

飯澤　文夫

野《の》の学《まな》びの史譜《しふ》——後藤総一郎語録

2008年10月25日・第1刷発行

定　価＝2500円＋税
著　者＝常民大学『野の学びの史譜』編集委員会
発行者＝林 利幸
発行所＝梟　社
〒133－0033　東京都文京区本郷2－6－12－203
振替00140－1－413348番　電話03(3812)1654　FAX 042(491)6568

発　売＝株式会社 新泉社
〒133－0033　東京都文京区本郷2－5－12
振替00170－4－160936番　電話03(3815)1662　FAX 03(3815)1422

製作・久保田 考
印刷／製本・長野印刷商工

山深き遠野の里の物語せよ

菊池照雄

四六判上製・二五三頁・マップ付
写真多数
一六八〇円＋税

哀切で衝撃的な幻想譚・怪異譚で名高い『遠野物語』の数々は、そのほとんどが実話であった。山女とはどこの誰か？　山男の実像は？　河童の子を産んだと噂された家は？　山の神話をもち歩いた巫女たちの足跡は？　遠野に生まれ、遠野に育った著者が、聴耳を立て、戸籍を調べ、遠野物語の伝承成立の根源と事実の輪郭を探索する／朝日新聞・読売新聞・河北日報・岩手日報・週刊朝日ほかで絶讃。

遠野物語をゆく

菊池照雄

A五判並製・二六〇頁・写真多数
二〇〇〇円＋税

山の神、天狗、山男、山女、河童、座敷童子、オシラサマ。猿、熊、狐、鳥、花。山と里の生活、四季と祭、信仰と芸能——過ぎこしの時間に埋もれた秘境遠野の自然と人、夢と伝説の山襞をめぐり、永遠の幻想譚ともいうべき『遠野物語』の行間と、そのバックグラウンドをリアルに浮かびあがらせる珠玉の民俗誌。

米沢時代の吉本隆明

斎藤清一

四六判上製・二五二頁・写真多数
二〇〇〇円＋税

昭和十七年春、十七歳の吉本は米沢駅に降り立った。それから二年半、吉本は米沢高工の学生として、東北の風土に包まれて青春の日々をおくる。――学友たちとの寮生活、宮沢賢治との出会い、次兄の死、時局下の葛藤など、戦後思想に屹立する詩人・吉本の未明の時代を、米沢在住の著者が克明にたどる。

選挙の民俗誌

杉本　仁

四六判上製・三一〇頁・写真多数
二二〇〇円＋税

選挙は、四年に一度、待ちに待ったムラ祭りの様相を呈する。たとえば、「カネと中傷が飛び交い、建設業者がフル稼働して票をたたき出すことで知られる甲州選挙」（朝日新聞07・1・29）。その選挙をささえる親分子分慣行、同族や無尽などの民俗組織、義理や贈与の習俗――それらは消えゆく遺制にすぎないのか。選挙に生命を吹き込み、利用されつつも、主張する、したたかで哀切な「民俗」の側に立って、わが政治風土の基層に光を当てる。

伝説の旅

谷　真介

四六判上製・三〇〇頁・写真多数
一九〇〇円＋税

東北各地に点在し、津軽半島から北海道へと生きのびる義経伝説。壇ノ浦から沖縄先島まで落ちゆく平家の伝説ほか、キリスト兄弟、猫、てんぐのきのこ、鯨取り、キリシタン、津波と人魚、埋蔵金、環状列石、巨軀怪力の女酋長、ジュリアおたあ伝説など、各地につたわる伝説と歴史の真偽の検証、その光と影をたずね歩いた旅の紀行27篇。

シルクロード、ひと夏の旅

伊藤　実

四六判上製・三一五頁・イラスト多数
二〇〇〇円＋税

若き日にイタリア美術に魅せられて五年の長きをかの地におくった型破りの美術教師。同行するのは、テキスタイル工の青年と芸大志望の浪人生の若者二人——。三人は、ひと夏をかけて、西安の兵馬俑、大雁塔、酒泉、敦煌の莫高窟、鳴沙山、ウルムチのウイグル人街、南山牧場、カシュガルの職人街、そしてパミール高原を越えてカシミールからカラチへと、ユーラシア大陸の東西を結んだ古代交易路、かつて仏教や美術、さまざまな文物の往来によって隆盛を極めた絹の道《シルクロード》の興亡の跡をたずねる。